Der griechische Philosoph Epiktet, geboren um 50 nach Christus zu Hierapolis in Phrygien, ist um 130 nach Christus in Rom gestorben.
Epiktet hat sich der Philosophie der Stoa verpflichtet gefühlt. Sie war die jüngste der vier großen griechischen Philosophenschulen. Es komme, behauptete sie, für eine erfüllte menschliche Existenz, für das Glück überhaupt nicht auf die sogenannten äußeren Dinge an, auf Macht und Reichtum und all das, wonach der Mensch in der Welt strebt, sondern lediglich auf die aus eigenem Entschluß befolgten Grundsätze des Handelns. Auf die Fähigkeit, bei jeglichem Tun und Lassen harten ethischen Anforderungen zu genügen.
Nur wer konsequent auf alles Gleichgültige verzichte, lehrt der Stoiker Epiktet, gewinne die nötige Distanz, um sich ein unangreifbares Lebensglück zu sichern.
Epiktet zielt indes nicht – wie etwa Epikur – auf eine möglichst bindungslose individualistische Selbstgenügsamkeit: Er bestätigt die Vielfalt der Beziehungen, die den Menschen, konzentrischen Ringen gleich, umgeben – als Ehegatten und Angehörigen seiner Familie, als Bürger in seiner Gemeinde, als Bewohner seines Landes und als Glied der Menschheit, das jedermann gegenüber zu Menschlichkeit verpflichtet sei. Er fordert damit nicht wenig – bis hin zu dem Verbot, erlittenes Unrecht mit gleicher Münze heimzuzahlen, und bis zu dem Gebot, den zu lieben, von dem man schlecht behandelt worden ist.

insel taschenbuch 2359

Epiktet

Wege zum glücklichen Handeln

Epiktet

Wege zum glücklichen Handeln

Aus dem Griechischen
von Wilhelm Capelle

Mit einem Nachwort
von Manfred Fuhrmann

Insel Verlag

insel taschenbuch 2359
Erste Auflage 1997
Insel Verlag Frankfurt am Main und Leipzig

Hinweise zu dieser Ausgabe am Schluß des Bandes
Vertrieb durch den Suhrkamp Taschenbuch Verlag
Umschlag nach Entwürfen von Willy Fleckhaus
Satz: Hümmer GmbH, Waldbüttelbrunn
Druck: Wagner GmbH, Nördlingen
Printed in Germany

1 2 3 4 5 6 – 02 01 00 99 98 97

Wege zum glücklichen Handeln

Handbüchlein

Von den Dingen stehen die einen in unserer Gewalt, die anderen nicht. In unserer Gewalt stehen: unsere Meinung, unser Handeln, unser Begehren und Meiden – kurz: all unser Tun, das von uns ausgeht.

Nicht in unserer Gewalt stehen: unser Leib, unser Besitz, Ansehen, äußere Stellung – mit einem Worte: alles, was nicht unser Tun ist.

Was in unserer Gewalt steht, ist von Natur frei, kann nicht gehindert oder gehemmt werden; was aber nicht in unserer Gewalt steht, ist hinfällig, unfrei, kann gehindert werden, steht unter dem Einfluß anderer. Sei dir also darüber klar: wenn du das von Natur Unfreie für frei und das Fremde für dein Eigentum hältst, dann wirst du nur Unannehmlichkeiten haben, wirst klagen, wirst dich aufregen, wirst mit Gott und der Welt hadern; hältst du aber nur das für dein Eigentum, was wirklich dein ist, das Fremde dagegen für so, wie es ist, für fremd, dann kann kein Mensch einen Zwang auf dich ausüben, niemand dir etwas in den Weg legen, du wirst niemandem Vorwürfe machen, niemandem die Schuld geben, wirst nichts gegen deinen Willen tun, niemand kann dir dann schaden, du wirst keinen Feind haben, denn du wirst überhaupt keinen Schaden erleiden.

Wenn du nun nach solch hohem Ziele strebst, dann darfst du nicht denken, du brauchtest dich nicht allzusehr anzustrengen, sondern du mußt auf manches ganz verzichten, manches einstweilen beiseite stellen.
Wenn du aber danach strebst und zugleich hohen Ämtern und Reichtum nachjagst, so wirst du vielleicht nicht einmal diese Dinge erreichen, weil du zugleich nach jenem strebst. Jedenfalls aber dürftest du ganz sicher das nicht erreichen, woher allein Freiheit und Glück kommen.

Bemühe dich daher, jedem unangenehmen Gedanken sofort zu begegnen, indem du sagst: »Du bist nicht das, was du zu sein scheinst, du bist bloß eine Einbildung.« Dann prüfe und beurteile ihn nach den Regeln, die du gelernt hast, besonders aber nach der ersten: ob er zu dem gehört, worüber wir frei verfügen können, oder nicht. Und wenn er zu den Dingen gehört, die nicht in unserer Gewalt stehen, dann sage dir sofort: Geht mich nichts an. [1]

Merke dir: Die Begierde verheißt die Erreichung dessen, was man begehrt; die Abneigung verheißt, nicht auf das zu stoßen, was man vermeiden will. Wer den Gegenstand seines Begehrens nicht erreicht, ist unglücklich; ein anderer ist unglücklich, weil ihm das widerfährt, was er gern vermeiden will.
Wenn du nur dem auszuweichen suchst, was unter den Dingen, die in deiner Gewalt stehen, naturwidrig ist, dann wird dir nichts zustoßen, was du zu vermeiden wünschest. Wenn du aber Krankheit, Tod oder Armut zu entgehen suchst, dann wirst du freilich unglücklich werden.
Fort also mit jedem Widerwillen gegen alles, was nicht in unserer Gewalt steht; nur das meide, was naturwidrig ist unter dem, was in deiner Gewalt ist.
Dein Begehren gib vorläufig ganz auf.
Denn begehrst du etwas, was nicht in unserer Macht steht, dann mußt du unweigerlich unglücklich werden; von dem aber, was in unserer Macht steht und was du wohl begehren könntest, davon weißt du noch nichts. Beschränke dich auf das Wollen und auf das Nichtwollen, aber verfahre dabei obenhin, mit Vorbehalt und Gelassenheit. [2]

Bei allem, was deine Seele erfreut oder dir einen Nutzen gewährt oder was du liebhast, vergiß nicht, dir zu sagen: was es eigentlich ist. Fange dabei bei den unscheinbarsten Dingen an, z. B., wenn dir ein Topf teuer ist, so denke dir: ein Topf ist es, der mir teuer ist; dann wirst du dich auch nicht aufregen, wenn er zerbricht. Wenn du dein Weib oder dein Kind küssest, so denke dir: du küssest einen Menschen; und du wirst nicht außer Fassung kommen, wenn er stirbt. [3]

Wenn du irgend etwas beginnen willst, so mache dir klar, welcher Art die Sache ist. Wenn du z. B. baden gehst, so stelle dir vor, wie es im Baderaume zugeht: wie sie mit Wasser spritzen, wie sie sich stoßen und schimpfen und andere gar bestehlen. Deshalb wirst du mit größerer Sicherheit hingehen, wenn du dir von vornherein sagst: ich will baden gehen und meine Gemütsverfassung in dem Zustande erhalten, wie es naturgemäß ist. So mache es bei allen Dingen. Denn kommt wirklich etwas beim Baden vor, so kannst du dir zur Beruhigung sagen: ich bin ja doch nicht bloß des Badens wegen hingegangen, sondern um meine Gemütsverfassung der Natur entsprechend zu erhalten, und das tue ich nicht, wenn ich mich über derlei Vorkommnisse ärgere. [4]

Nicht die Dinge beunruhigen die Menschen, sondern ihre Meinungen über die Dinge.

So ist z. B. der Tod an sich nichts Furchtbares – sonst hätte er auch dem Sokrates furchtbar erscheinen müssen –, sondern nur die Meinung, er sei schrecklich, ist das Schreckhafte.

Wenn wir also auf Schwierigkeiten stoßen, in Unruhe und Kümmernis geraten, dann wollen wir die Schuld niemals auf einen andern schieben, sondern nur auf uns selbst, d. h. auf unsere Meinung von den Dingen.

Es verrät einen Ungebildeten, wenn man andern Vorwürfe darüber macht, daß es einem selber schlecht geht; als einen Anfänger in der philosophischen Bildung erweist sich der, der sich selber Vorwürfe macht. Der wahrhaft Gebildete schiebt die Schuld weder auf andere noch auf sich selbst. [5]

Sei nicht stolz auf fremde Vorzüge. Wenn ein Pferd stolz wäre und sagen würde: Ich bin schön, so wäre das noch erträglich. Wenn du aber mit Stolz sagen würdest: ich habe ein schönes Pferd, dann bedenke, daß du nur auf einen Vorzug deines Pferdes stolz bist.

Was ist also dein Eigen?

Der Gebrauch deiner Vorstellungen. Also, wenn du dich bei dem Gebrauch deiner Vorstellungen gemäß der Natur verhältst, dann magst du mit Recht stolz sein; denn dann bist du auf einen Vorzug von *dir* stolz. [6]

Wenn auf einer Seefahrt das Fahrzeug vor Anker geht und du aussteigst, um frisches Wasser zu holen, dann magst du wohl unterwegs noch etwas nebenher tun, etwa eine Muschel oder einen Tintenfisch aufheben, aber deine Aufmerksamkeit muß auf das Fahrzeug gerichtet bleiben, du mußt es beständig im Auge behalten, ob nicht etwa der Steuermann ruft. Und wenn er ruft, so mußt du alles andere liegen lassen, damit man dich nicht gebunden aufs Schiff wirft, wie man es mit den Schafen macht.

So ist es auch im Leben: sind dir Weib und Kind beschert, wie dort eine Muschel oder ein Fisch, so darf es kein Hindernis bilden. Wenn aber der Steuermann ruft, dann eile zum Schiffe, laß alles liegen und sieh dich nicht um. Bist du aber alt geworden, so entferne dich nicht zu weit vom Schiffe, damit du nicht etwa ausbleibst, wenn du gerufen wirst. [7]

Verlange nicht, daß alles so geschieht, wie du es wünschest, sondern wolle, daß alles so geschieht, wie es geschieht, und es wird dir gut gehen. [8]

Die Krankheit ist ein Hindernis des Körpers, aber nicht des Willens, falls er nicht selbst will. Eine Lähmung ist ein Hindernis des Schenkels, aber nicht des Willens. Und das sage dir bei allem, was dich trifft. Dann wirst du finden, daß es wohl für andere Dinge ein Hindernis sein kann, nicht aber für dich. [9]

Bei allem, was dir begegnet, gehe in dich und frage dann: Was für eine Fähigkeit hast du dem gegenüber? Siehst du z.B. einen schönen Knaben oder ein schönes Mädchen, so wirst du als Kraft dagegen in dir die Selbstbeherrschung finden; tritt eine schwere Arbeit an dich heran, so wirst du als Gegenmittel die Ausdauer finden, wird eine Schmähung auf dich geschleudert, dann wirst du Langmut finden. Wenn du dich so gewöhnt hast, dann werden dich die falschen Vorstellungen nicht mehr fortreißen. [10]

Sage nie von einer Sache: ich habe sie verloren, sondern: ich habe sie zurückgegeben. Ein Kind ist dir gestorben: du hast es zurückgegeben. Dein Weib ist dir gestorben: es ward zurückgegeben. Dein Grundstück wurde dir genommen: auch das ward nur zurückgegeben. Aber der ist doch ein Bösewicht, der es mir nahm? Was geht das dich an, durch wen es der zurückforderte, der es dir einst gab? Solange er es dir überläßt, behandle es als fremdes Gut wie ein Wanderer die Herberge. [11]

Wenn du Fortschritte machen willst, so mußt du Gedanken wie die folgenden abwerfen: wenn ich mich nicht um mein Vermögen kümmere, so werde ich nichts zu essen haben, oder: wenn ich meinen Diener nicht strafe, so wird er ein Taugenichts; denn es ist besser, Hungers zu sterben, aber ohne Furcht und Sorge gelebt zu haben, als in Überfluß und steter Aufregung zu leben; es ist besser, daß dein Diener ein Taugenichts, als daß du selber unglücklich wirst.

Darum mußt du schon mit geringfügigen Dingen anfangen: wird dir ein bißchen Öl vergossen oder der letzte Rest Wein gestohlen, so sage dir: dafür kauft man Gleichmut, dafür innere Ruhe. Umsonst erhält man nichts.

Wenn du deinen Diener rufst, so denke: er kann dich vielleicht nicht hören, und wenn er dich gehört hat, so ist er vielleicht nicht imstande, das zu tun, was du haben willst.
Aber das ist für jenen kein Glück, wenn es von ihm abhängt, daß du dich nicht aufregst. [12]

Willst du Fortschritte machen, so mußt du es ertragen können, wenn man dich für närrisch und einfältig wegen deines äußeren Verhaltens hält. Wolle auch nicht den Anschein erwekken, als verständest du etwas; und wenn andere es von dir glauben, mißtraue dir selbst.
Denn wisse: es ist nicht leicht, seine Seelenverfassung so zu erhalten, wie die Natur es verlangt, und zugleich die äußeren Verhältnisse zu berücksichtigen, sondern es gibt nur ein Entweder-Oder: wer sich um das eine bekümmert, der muß das andere vernachlässigen.
[13]

Wenn du wünschest, daß dein Weib, deine Kinder und deine Freunde ewig leben, dann bist du ein Narr: denn du verlangst etwas, was nicht in deiner Macht steht, und willst, daß etwas Fremdes dir gehört.
Ebenso töricht wärest du, wenn du verlangen wür-

dest, dein Diener solle sich nichts zuschulden kommen lassen, denn du verlangst, daß ein Fehltritt kein Fehltritt sein soll, sondern etwas anderes.
Wenn du aber den Willen hast: niemals dein Ziel zu verfehlen, so steht das in deiner Macht. In dem also übe dich, was dir möglich ist.
Ein Herr des anderen ist also der, der die Macht hat, das, was der andere will oder nicht will, ihm zu geben oder zu nehmen.

Wer also frei sein will, der darf nicht etwas erstreben oder vermeiden wollen, was in der Macht eines anderen steht. Sonst wird er unweigerlich dessen Sklave.

[14]

Du mußt dich im Leben benehmen wie bei einem Gastmahl: es wird herumgereicht, die Schüssel kommt an dich: du langst zu und nimmst dir bescheiden; die Schüssel wird weitergetragen: halte sie nicht zurück; ist sie noch nicht zu dir gekommen, so richte dein Verlangen nicht weiter darauf, sondern warte, bis die Reihe an dich kommt.
So denke auch über Kinder, Weib, äußere Stellung und Reichtum, dann wirst du ein würdiger Tischgenosse der Götter sein.

Wenn du aber gar von dem nicht nimmst, was dir vorgesetzt wird, sondern es vorbeigehen läßt, dann wirst du nicht bloß mit den Göttern am Tische sitzen, sondern sogar mit ihnen herrschen. So machten es Diogenes, Herakles und ihresgleichen, und deshalb wurden sie mit Recht göttlich genannt. [15]

Wenn du jemanden trauern siehst, weil sein Kind weit fort ist oder weil er sein Vermögen verloren hat, so gib acht, daß dich nicht die Vorstellung fortreißt, als sei jener infolge der äußeren Dinge im Unglück, sondern halte dir sofort gegenwärtig, daß jenen nicht das Geschehene schmerzt, denn einen andern würde das ja nicht betrüben, sondern nur seine Auffassung von dem Geschehenen. Solange es noch mit Worten geht, magst du ihm sein Leid tragen helfen und vielleicht auch mit ihm seufzen; nur hüte dich, auch innerlich zu seufzen. [16]

Betrachte dich als einen Schauspieler in einem Drama: die Rolle gibt dir der Dichter, du mußt sie spielen, ob sie kurz oder lang ist. Will er, daß du einen Bettler darstellen sollst, so mußt du auch diese Rolle gut spielen, ebenso wenn du einen Krüppel, einen Fürsten oder einen gewöhnlichen Menschen darstellen sollst.

Deine Sache ist es nur, die dir gegebene Rolle gut zu spielen; sie auszuwählen ist Sache eines andern[1]. [17]

Wenn dir ein Rabe krächzend Unheil verkündet, so darf dich die Vorstellung nicht hinreißen, sondern mache dir sogleich klar: solche Prophezeiungen gelten nicht mir, höchstens meinem Körper, meinem bißchen Habe oder meinem äußeren Ansehen, meinen Kindern oder meinem Weibe. Wenn ich es will, wird mir nur Glück verkündet. Was auch von den Prophezeiungen eintreffen mag, an mir liegt es ja, davon Segen zu haben[2]. [18]

Du kannst als unbesiegbar dastehen, wenn du dich in keinen Kampf einlässest, in dem der Sieg nicht von dir abhängt.
Wenn du jemanden siehst, der hochgeehrt, sehr mächtig oder sonst irgendwie groß dasteht, so laß dich nicht etwa von dem Schein hinreißen, ihn glücklich zu preisen. Denn wenn das Wesen des Guten in dem beruht, was in unserer Macht liegt, dann sind hier weder Neid noch Eifersucht angebracht; du selbst willst doch weder Feldherr noch Ratsherr oder Konsul sein, sondern frei.
Dazu aber führt nur ein Weg: Verachtung alles dessen, was nicht in unserer Macht steht. [19]

Bedenke, daß dich nicht der verletzt, der dich beschimpft oder schlägt, sondern nur deine Meinung, daß jener dich verletzt. Wenn dich jemand reizt, so wisse, daß es nur deine Auffassung von der Sache ist, die dich gereizt hat. Deshalb strebe vor allem danach, dich nicht von deiner falschen Vorstellung fortreißen zu lassen. Hast du einmal Zeit zur Überlegung gewonnen, dann wirst du leichter deiner Herr werden. [20]

Tod, Verbannung, überhaupt alles, was allgemein für schrecklich gilt, halte dir täglich vor Augen, vor allem aber den Tod! Dann wirst du niemals etwas Niedriges denken oder übermäßig nach etwas begehren. [21]

Wenn du nach Weisheit strebst, so mache dich von vornherein darauf gefaßt, daß man dich verlachen wird, daß dich viele verspotten und sagen werden: Der ist plötzlich als Philosoph wiedergekommen und: Wie kommt es, daß er auf einmal die Brauen so hoch zieht?
Laß nur die ernste Miene beiseite, aber an das, was dir das Beste zu sein scheint, halte dich, als seiest du von Gott auf diesen Posten gestellt.
Bedenke: wenn du auf diesem Posten ausharrst, dann

werden dich diejenigen später bewundern, die dich vorher verlacht haben.
Fügst du dich ihnen aber, dann werden sie doppelt über dich lachen. [22]

Wisse: wenn es dir einmal widerfährt, in den Strudel der Außenwelt gezogen zu werden, so daß du einem andern gefallen willst, dann bist du von deinen Grundsätzen abgefallen.
Es muß dir deshalb in allen Verhältnissen genügen, ein Philosoph zu sein. Willst du außerdem als solcher angesehen werden, so sieh dich selbst als solchen an und sei zufrieden. [23]

Gedanken wie die folgenden dürfen dich nicht quälen: Ich werde unberühmt mein Leben verbringen und nirgends etwas gelten. Kann denn Mangel an äußeren Ehren ein Übel sein, da du doch durch einen Fremden ebensowenig ins Unglück wie in Schande gestürzt werden kannst? Hängt es etwa von dir ab, zu einem Amte zu kommen oder zur Tafel zugezogen zu werden? Durchaus nicht! Wie kann das also Unehre für dich sein? Wie kannst du ein »Niemand« sein, wo du nur auf dem Gebiet, das in deiner Macht steht, etwas bedeuten sollst; und da kannst du der Bedeutendste sein.

»Aber du hast Freunde und wirst ihnen nicht helfen können!«

Ja, was nennst du denn helfen? Sie werden kein Geld von dir bekommen, du wirst ihnen nicht das römische Bürgerrecht verschaffen können. Wer hat dir denn gesagt, daß dies in deiner Macht steht und nicht anderer Leute Sache ist? Wer kann einem andern geben, was er selbst nicht hat?

»Dann erwirb, damit wir auch etwas bekommen.«

Gut, wenn ich mir Erwerb verschaffen kann, ohne mein gewissenhaftes, redliches, hochstrebendes Wesen einzubüßen, dann zeige mir nur den Weg, und ich will es tun. Wenn ihr aber verlangt, daß ich meine eigenen Güter aufgeben soll, damit ihr nur zu den Gütern kommt, die gar keine sind, so seht ihr doch selbst ein, wie ungerecht und unverständig ihr seid. Was wollt ihr lieber: Geld oder einen treuen, ehrlichen Freund? Tragt also lieber dazu bei, daß ich ein solcher bin, und verlangt nicht von mir, daß ich etwas tun soll, wodurch ich gerade diese Eigenschaften verliere.

»Aber das Vaterland wird von mir keinen Nutzen haben.«

Wieder muß ich fragen: Was für Nutzen denn? Säulenhallen und Bäder wird es freilich nicht von dir bekommen. Aber was tut das? Es bekommt ja auch vom Schmiede keine Schuhe und vom Schuster keine Waffen! Es ist genug, wenn jeder seine Stelle ausfüllt. Wenn du nun aus einem andern Menschen einen zuverlässigen und redlichen Bürger machst, trägst du da nichts zum Nutzen des Vaterlandes bei?

»Doch.«

Also dürftest auch du dem Vaterlande nicht ohne Nutzen sein.

»Welche Stellung soll ich denn im Staatsleben einnehmen?«

Diejenige, die du ausfüllen und bei der du zugleich ein rechtschaffener und sittsamer Mensch bleiben kannst. Wenn du aber dem Vaterlande nützen willst und diese Eigenschaften verlierst, was kannst du ihm da noch nützen, wenn du nicht mehr Treu und Glauben verdienst? [24]

Es ist dir jemand vorgezogen worden, bei einem Gastmahl oder bei einer Begrüßung, oder du bist nicht zu einer Beratung hinzugezogen worden. Ist dies etwas Gutes, dann sollst du dich darüber freuen, daß es jenem zuteil geworden; ist es aber ein Nachteil, dann ärgere dich nicht darüber, daß es dich nicht getroffen hat.

Bedenke doch, daß du nicht dieselbe Behandlung beanspruchen kannst, wenn du nicht dasselbe tust wie sie, um etwas zu erreichen, was nicht in unserer Gewalt steht. Denn wie kann einer, der sich nicht oft in den Vorzimmern der Großen aufhält, das gleiche erreichen wie einer, der dies tut? oder einer, der sich nicht im Gefolge eines Mächtigen sehen läßt und ihn nicht lobt, dasselbe erreichen wie einer, der dies tut? Du bist ungerecht und unersättlich, wenn du das umsonst haben willst, ohne den Preis zu zahlen, um den jene Dinge zu kaufen sind. Was kostet z. B. doch der Salat? Einen Obolus, wollen wir einmal annehmen. Wenn nun jemand einen Obolus hinlegt und Salat dafür erhält, du aber nicht zahlst und nichts erhältst, so glaubst du doch nicht, im Nachteil zu sein gegenüber dem, der Salat erhalten hat? Denn wie jener den Salat hat, hast du noch den Obolus, den du nicht ausgegeben hast. Genau derselbe Fall ist auch hier.

Du hast keine Einladung zum Essen erhalten? Du hast auch dem Gastgeber den Preis nicht gezahlt, um den er sein Mahl gibt; um Lob, um Aufmerksamkeiten ist es zu haben. Wenn du glaubst, daß es dir Nutzen bringt, nun, so bezahle die Kosten, um die es zu haben ist. Willst du diese nicht tragen und doch jenes haben, dann bist du ebenso unverschämt wie einfältig.

Hast du anstelle der Einladung nichts zum Ersatz? Du hast jetzt das Bewußtsein, den nicht gelobt zu haben, den du nicht hast loben wollen, und hast dich nicht an seiner Tür herumzudrücken brauchen. [25]

Den Willen der Natur kann man an den Dingen erkennen, über die keine Meinungsverschiedenheit unter uns herrscht.
Wenn z. B. der Diener eines andern ein Trinkglas zerbricht, so sagst du gleich zu dessen Entschuldigung: das kann vorkommen. Merke dir also: Wenn bei dir zu Hause einmal etwas zerschlagen wird, so mußt du dich ebenso verhalten wie damals, als es bei einem andern geschah.
Diese Regel kannst du auch auf wichtigere Vorkommnisse übertragen.
Stirbt z. B. ein Kind oder das Weib eines andern, dann gibt es gewiß keinen, der nicht sagt: das ist Menschenlos. Wenn aber jemandem sein eigenes Kind stirbt, dann klagt er sogleich: Weh mir, ich Unglücklicher!
Wir sollten aber bedenken, was wir empfinden, wenn wir bei einem andern von einem solchen Fall hören. [26]

Sowenig wie ein Ziel aufgestellt wird, damit man es verfehle, sowenig hat das Übel von Natur einen Platz in der Welt. [27]

Wenn jemand deinen Körper dem ersten besten, der dir begegnet, überantworten würde, dann würdest du dich empören. Du aber überläßt dein Herz jedem Beliebigen, so daß es, wenn dich jemand beschimpft, aufgeregt und aus der Fassung gebracht wird – solltest du dich dessen nicht schämen? [28]

Bei jeder Sache bedenke, was ihr vorangeht und was ihr folgt, dann erst gehe an die Sache selbst heran. Tust du das nicht, dann wirst du anfangs zwar wohlgemut an die Sache gehen, da du nicht bedacht hast, was noch kommen wird: dann aber, wenn sich Unannehmlichkeiten zeigen, wirst du mit Schande abfallen.
Du willst in Olympia siegen? Ich auch, bei Gott! denn das ist eine schöne Sache. Aber bedenke, was vorangehen und nachfolgen wird, und dann mache dich daran:
Du mußt dich einer strengen Ordnung fügen, nach Vorschrift essen, mußt dich aller Näschereien enthalten, mußt dich auf Kommando und zu bestimmten Stunden trainieren, bei Hitze und Kälte, darfst nicht kaltes Wasser trinken, keinen Wein, wenn es dir gerade einfällt, kurz, du mußt dich dem Aufseher wie einem Arzte überantworten, mußt dich beim Wett-

kampf auf der Erde wälzen. Es kann auch vorkommen, daß du das Handgelenk aussetzt oder den Knöchel verstauchst, daß du viel Staub schlucken mußt, zuweilen wirst du sogar Schläge erhalten und – trotz alledem wirst du möglicherweise zuletzt noch besiegt.

Das alles mußt du bedenken, und wenn du dann noch Lust hast, dann werde Athlet. Sonst geht es dir wie den Kindern, die bald Gladiatoren, bald Ringkampf spielen, bald Trompete blasen, dann Theater spielen. So bist auch du bald ein Ringkämpfer, bald ein Gladiator, bald ein Redner, dann einmal ein Philosoph, mit ganzer Seele aber nichts! Sondern wie ein Affe machst du alles nach, was du siehst, heute das, morgen etwas anderes, wie es dir gefällt. Denn du trittst nicht mit Überlegung an eine Sache heran, du siehst sie dir nicht von allen Seiten an, sondern folgst jedem Einfall, jeder flüchtigen Laune.

So haben z. B. manche einmal einen Philosophen gesehen, haben ihn reden hören, wie etwa Euphrates redet – fürwahr, wer kann so reden wie der! –, gleich wollen sie auch Philosophen sein. Mensch, zunächst überlege dir, worum es sich eigentlich handelt; dann prüfe deine natürlichen Anlagen, ob du der Sache auch gewachsen bist. Willst du ein Ring- oder ein Fünfkämpfer werden? dann sieh dir deine Arme,

deine Schenkel an, prüfe deine Hüften, denn der eine hat hierzu Anlage, der andere dazu.
Glaubst du etwa, daß du bei solchem Beruf noch weiter in derselben Weise essen und trinken kannst, daß du noch in gleicher Weise deinen Neigungen und Abneigungen folgen darfst? Du mußt es ertragen können: den Schlaf zu entbehren, Strapazen zu erdulden, deine Angehörigen zu verlassen, von einem Sklaven dich verachten zu lassen, von den Leuten auf der Straße verlacht, bei jeder Gelegenheit, bei einer Ehrung, einer Beförderung, vor Gericht, überhaupt in allen Dingen, übergangen zu werden. Das bedenke: ob du dafür Seelenruhe, Freiheit, innere Festigkeit eintauschen willst. Willst du das nicht, dann fange nicht erst an. Mach es nicht wie die Kinder: heut Philosoph, morgen Zolleinnehmer, übermorgen Redner, dann einmal ein kaiserlicher Beamter – das paßt nicht zusammen.
Nur eins kannst du sein, ein guter oder ein schlechter Mensch; entweder mußt du deine Seele ausbilden oder deine äußere Lage, entweder deine Kunst auf das Innere verwenden oder auf das Äußere: entweder ein Philosoph sein oder ein Kind der Welt. [29]

Die Pflichten richten sich im allgemeinen nach den persönlichen Verhältnissen.

Jemand hat einen Vater: die Pflicht gebietet, sich um ihn zu sorgen, sich ihm in allem zu fügen, Schelte und sogar Schläge geduldig von ihm hinzunehmen.

Aber er ist ein schlechter Vater.

Hat dir denn die Natur einen guten Vater gegeben? Nein, bloß einen Vater.

Mein Bruder handelt unrecht an mir.

Behalte nur weiter dein Verhalten ihm gegenüber bei und kümmere dich nicht darum, was *er* tut, sondern was *du* tun mußt, um dein Inneres im Einklang mit der Natur zu erhalten.

Denn dir kann ein anderer nicht schaden, wenn du es nicht willst, aber dann bist du wirklich geschädigt, wenn du glaubst, geschädigt zu sein.

Ebenso wirst du finden, was sich für einen Nachbarn, einen Bürger, einen Feldherrn ziemt, wenn du dich nämlich gewöhnst, dein Verhältnis zu diesen Stellungen genau anzusehen. [30]

Für die Frömmigkeit ist die Hauptsache, richtige Vorstellungen von den Göttern zu haben: daß sie *sind*, daß sie die Welt gut und gerecht regieren, daß es deine Bestimmung ist, ihrem

Willen dich zu fügen, dich in alles, was geschieht, zu schicken, dich gern und mit der Überzeugung zu fügen, daß es von höchster Einsicht so zum Ziel geführt wird; dann wirst du die Götter niemals tadeln, nie ihnen Vorwürfe machen, als kümmerten sie sich nicht um dich.

Aber das ist nur dann möglich, wenn du die Begriffe von gut und böse nicht dem entnimmst, was nicht in unserer Macht steht, sondern sie nur in dem suchst, was wirklich unser ist.

Wenn du jedoch etwas von jenem für gut oder böse hältst, dann mußt du unweigerlich den Urhebern Vorwürfe machen und sie hassen, wenn du etwas nicht erreichst, was du erstrebst, oder wenn dir etwas widerfährt, was du nicht wünschest.

Denn jedem Wesen ist es angeboren, das, was ihm schädlich erscheint und was den Schaden verursacht, zu meiden und zu fliehen, dem Nützlichen aber und seinen Ursachen nachzugehen und es zu bewundern.

Es ist also unmöglich, daß einer, der sich geschädigt glaubt, sich über den Urheber des Schadens freut, ebenso wie man sich unmöglich über den Schaden selbst freuen kann.

So kommt es, daß ein Vater von seinem Sohne verwünscht wird, wenn der ihn an den Dingen nicht teilnehmen läßt, die er für Güter hält. Auch für Eteokles und Polyneikes war das der Grund zur Feindschaft, weil sie die Alleinherrschaft für ein Gut hielten. Daher kommt es, daß der Landmann die Götter lästert, darum tut es der Seemann, darum der Kaufmann, darum alle, die Weib und Kind verlieren.

Denn Vorteil und Religion stehen miteinander in Wechselbeziehung. Wer daher sein Streben und sein Meiden in die richtige Bahn zu bringen sucht, der handelt ebendadurch auch religiös. Doch Trank- und Brandopfer darzubringen, die Erstlingsgaben nach Väterbrauch zu weihen, ziemt sich für jeden; mit reinem Herzen, nicht gedankenlos, nicht nachlässig, nicht gar zu kärglich, aber auch nicht über Vermögen soll man es tun. [31]

Wenn du zu einem Orakel gehst, so merke dir: welches Ereignis dir bevorsteht, das freilich weißt du nicht, sondern deswegen bist du zum Wahrsager gekommen, um es zu erfahren; von welcher Art aber eine Sache ist, das wußtest du schon, als du kamst, wenn anders du ein Philosoph bist. Denn wenn es eins von den Dingen ist, die nicht in unserer Gewalt stehen, dann kann es in keinem Falle ein Gut oder ein Übel sein.

Bringe also zum Wahrsager weder Wünsche dafür noch dagegen mit; geh auch nicht mit Zittern und Zagen zu ihm, sondern in der Überzeugung, daß alles, was da kommen wird, gleichgültig ist und dich nichts angeht; welcher Art es auch immer sei, – es wird möglich sein, davon einen guten Gebrauch zu machen, und daran kann dich keiner hindern.

Getrost also wie guten Ratgebern nahe dich den Göttern, und, wenn dir ein Rat erteilt worden ist, dann denke daran, wen du als Ratgeber genommen hast und wem du ungehorsam sein wirst, wenn du nicht hörst.

Geh aber nach dem Beispiel des Sokrates nur in solchen Fällen zum Orakel, wo allein der Ausgang der Sache in Frage steht und wo weder durch vernünftige Überlegung noch durch irgendeine Kunst die Mittel geboten sind, das klar zu erkennen, was bevorsteht.

Wenn du also einem Freunde oder dem Vaterlande beistehen mußt, dann frage nicht erst das Orakel, ob du es tun sollst. Denn wenn dir der Seher sagt, die Opferzeichen seien schlecht ausgefallen, so bedeutet das offenbar den Tod oder den Verlust eines Gliedes oder Verbannung. Aber die Vernunft fordert auch unter diesen Umständen, dem Freunde, dem Vaterlande in der Gefahr beizustehen. Wahrlich, darum richte dich nach dem größeren Seher, dem pythischen Apollon, der aus seinem Tempel den Menschen hinauswies, der seinem Freunde in Todesnot nicht zu Hilfe gekommen war. [32]

Stelle endlich für dein Wesen ein festes Gepräge, ein bestimmtes Ideal auf, wonach du dich richtest, wenn du mit dir allein bist oder unter Menschen gehst.
Schweige gewöhnlich, sonst sprich nur das Notwendige und das mit wenig Worten. Selten, nur wenn es die Umstände erfordern, rede, aber nicht über alltägliche Dinge, nicht über Zirkuskämpfe oder Athleten, nicht über Essen und Trinken – das sind triviale Gesprächsstoffe –, vor allem aber nicht über andere Leute, um sie zu tadeln oder zu loben oder auch nur zu vergleichen.
Wenn es dir möglich ist, so lenke durch deine Unterhaltung das Gespräch der Gesellschaft auf einen angemessenen Gegenstand. Bist du aber allein unter ganz Fremden, dann schweige.

Lache nicht oft, nicht über viele Dinge und nicht übermäßig.

Den Eid lehne wenn möglich ganz ab; ist es nicht möglich, soweit es geht.

Einladungen zu Gelagen bei Andersgesinnten und Ungebildeten schlage aus. Kommt aber einmal ein solcher Anlaß, dann sei deine Aufmerksamkeit gespannt, damit du nicht in das Wesen der Menge zurückfällst. Denn merke dir: hat jemand einen verkommenen Gefährten, so muß er unweigerlich verkommen, auch wenn er selbst unverdorben sein sollte.

Die körperlichen Bedürfnisse befriedige nur, soweit es durchaus notwendig ist, was Essen, Trinken, Kleidung, Wohnung und Dienerschaft betrifft; was aber dem äußeren Glanz und dem Luxus dient, das meide ganz.

Von Werken der Liebe halte dich vor der Ehe nach Kräften rein. Kostest du aber davon, so beschränke dich auf den erlaubten Genuß. Sei aber nicht denen lästig, die Gebrauch davon machen, und tadle sie nicht; und rede nicht viel davon, daß du selbst enthaltsam bist.

Wenn dir jemand hinterbringt, daß der oder jener gehässig über dich spricht, so verteidige dich nicht gegen dessen Behauptungen, sondern antworte: Er wußte wohl die andern Fehler nicht, die mir noch anhaften, sonst hätte er nicht bloß diese angeführt.

Oft Zirkusspielen beizuwohnen ist nicht nötig. Wenn es aber einmal vorkommt, dann zeige dich für niemanden besonders interessiert als für dich, d. h. habe nur den Wunsch, daß alles so geschieht, wie es geschieht, und gönne jedem Sieger seinen Sieg. So wirst du kein Ärgernis haben. Beifallsrufe, freudiges Zuklatschen oder größere Aufregung vermeide ganz und gar. Und wenn die Sache aus ist, sprich nicht viel über das Gesehene, überhaupt nur, soweit es zu deiner Förderung dient. Denn sonst könnte es scheinen, das Gesehene habe dir Bewunderung abgenötigt.

Zu den Vorträgen gewisser Leute gehe nicht aus Laune oder ohne besonderen Grund. Wenn du aber hingehst, dann beobachte ein würdiges und wohlgesetztes Verhalten, das niemandem lästig ist.

Wenn du weißt, daß du mit jemandem zusammenkommen wirst, dann stelle dir, zumal wenn der Betreffende eine hohe Stellung einnimmt, vor Augen, was in diesem Falle Sokrates oder Zenon getan hätte, und du wirst nicht in Verlegenheit sein, wie du dich würdig dem Fremden gegenüber benehmen sollst.

Willst du zu einem mächtigen Herrn gehen, dann denke: du wirst ihn nicht zu Hause treffen, man wird dich nicht vorlassen, man wird dir die Tür vor der Nase zuschlagen, er wird sich um dich gar nicht bekümmern. Mußt du trotz alledem noch hingehen, dann geh, laß kommen, was kommen mag, und sprich niemals bei dir: das war der Mühe nicht wert. Das wäre niedrig und eine verkehrte Auffassung von Außendingen.

In Gesellschaften meide es, oft und unbescheiden von deinen eigenen Taten und Gefahren zu sprechen. Denn wenn es *dir* auch Spaß macht, deiner überstandenen Gefahren zu gedenken, so macht es doch den andern nicht denselben Spaß, das zu hören, was dir zugestoßen ist.

Vermeide es auch, Witze zu machen, denn eine solche Gewohnheit geht leicht ins Gewöhnliche über und ist außerdem geeignet, die Achtung deiner Mitmenschen gegen dich zu mindern.

Gefährlich ist es auch, im Gespräch auf schlüpfrige Gegenstände zu kommen. Wenn einmal etwas Derartiges in deiner Gegenwart vorkommt und es bietet sich eine passende Gelegenheit, so weise denjenigen zurecht, der so weit gegangen ist. Sonst zeige wenigstens durch dein Schweigen, dein Erröten oder durch eine finstere Miene dein Mißfallen an solchem Gespräch. [33]

Wenn du dir einen sinnlichen Genuß vorstellst, so hüte dich ebenso wie bei den anderen Vorstellungen, dich davon hinreißen zu lassen. Laß vielmehr die Sache auf dich warten und gewinne dir noch einen Aufschub ab. Dann stelle dir den Zeitpunkt vor, den des Genusses, und den danach, wo dich die Reue packt und du dir selber Vorwürfe machen wirst.
Und dem stelle gegenüber, wie du dich freuen und mit dir selbst zufrieden sein wirst, wenn du dich enthalten hast.

Wenn dir aber der Zeitpunkt des Genusses gekommen scheint, dann gib Obacht, daß dich nicht das Einschmeichelnde, die Reize und das Verführerische der Lust zu Fall bringen, sondern stelle dir dagegen vor, wieviel schöner das Bewußtsein für dich ist, einen solchen Sieg errungen zu haben. [34]

Wenn dir klar geworden ist, daß du etwas tun mußt, und du tust es dann, dann scheue dich niemals, dabei gesehen zu werden, auch wenn die große Menge deine Handlungsweise seltsam finden sollte. Denn wenn es unrecht ist, was du tust, dann führe die Sache überhaupt nicht aus; handelst du aber recht, was fürchtest du dich vor denen, die dich mit Unrecht schelten? [35]

Wie die beiden Sätze »es ist Tag« und »es ist Nacht« sich zu einem Gegensatz sehr gut verwerten lassen, zu einer Verbindung aber nicht taugen, ebenso mag es wohl für den Körper von Vorteil sein, sich das größere Stück (beim Essen) herauszusuchen; zur Wahrung der Rücksicht, die den anderen Gästen gegenüber in einer Gesellschaft geboten ist, trägt es aber nichts bei.

Wenn du also bei einem andern zu Gaste geladen bist, dann denke daran, daß man nicht bloß auf den Wert der aufgetragenen Speisen für den Körper sehen soll, sondern auch darauf, dem Gastgeber gegenüber den erforderlichen Anstand zu wahren. [36]

Wenn du eine Rolle übernimmst, der du nicht gewachsen bist, dann wirst du damit wenig Ehre einlegen und hast außerdem auch die, welche du hättest ausfüllen können, versäumt. [37]

Wie du dich beim Gehen in acht nimmst, daß du nicht in einen Nagel trittst oder dir den Fuß verstauchst, ebenso gib acht, daß du an deiner Seele keinen Schaden leidest. Wenn wir bei jeder Tätigkeit diese Vorsicht beobachten, dann werden wir um so sicherer ans Werk gehen können. [38]

Als Maß für den Besitz soll für jeden sein Körper dienen wie der Fuß für den Schuh. Wenn du auf diesem Standpunkt stehst, dann wirst du immer das richtige Maß einhalten, wenn du aber darüber hinausgehst, dann wirst du zuletzt unweigerlich in den Abgrund stürzen.
Es ist genauso wie beim Schuh. Wenn du einmal das Bedürfnis des Fußes überschritten hast, so kommt erst

ein vergoldeter, dann ein purpurner, dann ein gestickter Schuh.
Ist einmal das Maß überschritten, dann gibt es keine Grenze mehr. [39]

Die Mädchen werden schon von ihrem fünfzehnten Jahre an von den Männern Herrinnen genannt. Und wenn sie nun sehen, daß ihr Wert allein davon abhängt, wie weit sie den Männern gefallen, fangen sie an, sich zu putzen und darauf alle ihre Hoffnung zu setzen. Es ziemt sich daher, ihnen zum Bewußtsein zu bringen, daß sie nur dann geehrt werden, wenn sie sich sittsam und züchtig zeigen.
[40]

Es verrät Mangel an Begabung, wenn man sich lange mit körperlichen Dingen beschäftigt, z. B. wenn man zu viel Leibesübungen anstellt, zu viel ißt oder trinkt, sich alle Augenblick entleert oder wenn man ein Wollüstling ist. Vielmehr soll man die Bedürfnisse des Körpers nebenbei befriedigen, seine ganze Aufmerksamkeit soll man auf die Ausbildung seines Charakters verwenden. [41]

Wenn dir jemand etwas Böses antut oder dir etwas Schlimmes nachredet, dann denke daran, daß er glaubt, daß er das tun oder sagen muß. Es ist doch nicht möglich, daß er das befolgt, was *du*, sondern was *er* für richtig hält. Deshalb hat *er* den Schaden, wenn er unrecht hat, denn er ist es, der sich geirrt hat. Denn auch wenn jemand eine richtige Schlußfolgerung für falsch hält, so schadet das der Schlußfolgerung nichts, wohl aber dem, der sich geirrt hat. Wenn du das bedenkst, wirst du nachsichtig sein gegen einen, der dich lästert, denn du sagst dir jedesmal: es schien ihm recht so. [42]

Jedes Ding hat zwei Seiten, wo man es anfassen kann: auf der einen kann man es tragen, auf der anderen nicht. Wenn dein Bruder dir unrecht tut, so fasse die Sache nicht von der Seite an: er tut mir unrecht – das ist seine Handhabe, an der kannst du nicht tragen –, sondern fasse es lieber von der andern Seite an: er ist mein Bruder, er ist mit mir aufgewachsen. So wirst du die Sache da anfassen, wo sie tragbar ist. [43]

Folgende Sätze sind unvereinbar: »Ich bin reicher als du – also bin ich mehr wert als du«, oder »ich kann besser reden als du – also bin ich mehr wert als du«.
Wohl aber passen die beiden Sätze zueinander: »Ich

bin reicher als du – also ist mein Besitz mehr wert als der deinige«, oder »ich kann besser reden als du – also ist meine Redeweise mehr wert als die deinige«.
Denn dein Wesen besteht weder im Besitz noch im Redenkönnen. [44]

Es wäscht sich jemand zu eilig – sage nicht: er wäscht sich schlecht, sondern: er wäscht sich schnell.
Es trinkt jemand viel Wein, sage nicht: das ist verwerflich, sondern nur: er trinkt viel.
Woher weißt du denn, daß er schlecht handelt, du kennst ja den Grund seiner Handlungsweise nicht.
Auf diese Weise wird es dir nicht begegnen, daß du von einigen Dingen eine richtige Vorstellung gewinnst, andern aber, die du nicht erkannt hast, unüberlegt zustimmst. [45]

Nenne dich niemals einen Philosophen, sprich auch nicht viel unter den Leuten über philosophische Anschauungen, sondern handle danach.
So z. B. sprich beim Mahl nicht davon, wie man essen soll, sondern iß so, wie man es soll.
Erinnere dich doch, daß Sokrates bis zu einem sol-

chen Grade das Sichzurschaustellen gemieden hat, daß die Leute mit der Bitte um Empfehlung an Philosophen zu ihm kamen; ja, er willfahrte ihrer Bitte. So leicht ertrug er es, übersehen zu werden.
Bist du unter gewöhnlichen Leuten und kommt das Gespräch auf einen Satz aus der Philosophie, dann schweige in der Regel. Denn es ist die Gefahr groß, daß du das wieder von dir gibst, was du noch nicht verdaut hast. Und wenn jemand zu dir sagt: »Du weißt nichts«, und du bist nicht aufgebracht darüber, dann wisse, daß dir der Anfang gelungen ist.
Denn auch die Schafe bringen ihr Futter nicht wieder den Hirten und zeigen, wieviel sie gefressen haben, sondern sie verarbeiten inwendig ihre Nahrung und geben nach außen Wolle und Milch.
Auch du zeige den Laien keine Lehren von Philosophen, sondern Taten als Frucht dieser Lehren. [46]

Wenn du deinen Körper an Einfachheit gewöhnt hast, so prahle nicht damit; wenn du nur Wasser trinkst, so sage nicht bei jeder Gelegenheit: ich trinke nur Wasser.
Und wenn du dich im Ertragen von Strapazen üben willst, so tu das für dich und nicht vor andern.
Umarme nicht öffentlich kalte Bildsäulen, sondern wenn dich einmal heftig dürstet, nimm einen Schluck

kalten Wassers, spei es wieder aus und sage es niemandem. [47]

Eines Ungebildeten Zustand und Charakter: niemals erwartet er von sich einen Nutzen oder Schaden, sondern nur von äußeren Ereignissen.
Eines Philosophen Zustand und Charakter: er erwartet allen Nutzen und Schaden von sich selbst.
Kennzeichen des Fortschreitenden: er tadelt niemanden, lobt niemanden, grollt niemandem, beschuldigt niemanden, er spricht nicht von sich, als sei er etwas oder wisse er etwas; wird er durch irgend etwas gehindert oder gehemmt, dann klagt er sich selbst an. Wenn ihn jemand lobt, so lacht er bei sich über den, der ihn lobt, und wenn ihn jemand tadelt, erwidert er nichts. Er geht herum wie einer, der von der Krankheit noch schwach ist, der sich fürchtet, etwas, das noch in der Festigung begriffen ist, zu bewegen, bevor es wieder erstarkt ist. Jeden Wunsch hat er aufgegeben, seine Abneigung hat er auf das beschränkt, was widernatürlich ist von den Dingen, die in unserer Gewalt sind. Sein Wollen ist in allen Dingen ohne Leidenschaft; er macht sich nichts daraus, ob man ihn für einfältig oder ungebildet hält – mit einem Worte: er beobachtet sich fortwährend wie einen Feind, der ihm nachstellt. [48]

Wenn einer sich etwas darauf einbildet, daß er die Schriften des Chrysipp versteht und erklären kann, dann sprich zu dir selbst: Hätte sich Chrysipp nicht undeutlich ausgedrückt, dann hätte dieser hier nichts, worauf er sich etwas einbilden könnte. Ich aber, was will ich?

Ich will die Natur kennenlernen und ihr folgen. Ich frage daher: Wer erklärt sie mir? Und wenn ich höre: Chrysipp, dann wende ich mich zu ihm. Aber ich verstehe seine Schriften nicht; ich suche daher jemanden, der sie mir erklärt. Bis dahin ist noch kein Grund stolz zu sein.

Wenn ich aber einen gefunden habe, der sie mir erklären kann, dann bleibt mir noch übrig, die Lehren im Leben anzuwenden. Darauf allein kann man stolz sein.

Wenn ich aber nur die Kunst des Erklärens bewundere, was bin ich da anders als ein Philologe anstatt eines Philosophen? Nur mit dem Unterschiede, daß ich statt des Homer den Chrysipp erkläre.

Ich erröte daher noch mehr, wenn jemand zu mir sagt: »Lies mir aus Chrysipp vor«, wenn ich keine Taten aufweisen kann, die seinen Lehren entsprechen.

[49]

Was du dir vorgesetzt hast, daran halte fest wie an Gesetzen, als handeltest du gottlos, wenn du es überträtest.
Was man auch über dich sagen mag, kehre dich nicht daran, denn das steht nicht mehr in deiner Macht.

[50]

Wie lange noch willst du es aufschieben, dich des edelsten Zieles für wert zu halten und in keinem Punkte wider die Vernunft zu handeln, die allein über Gut und Böse entscheidet. Du hast die Lehren empfangen, denen du beistimmen solltest, und du hast ihnen zugestimmt. Auf welchen Lehrer wartest du also noch, um ihm das Werk deiner Besserung anzuvertrauen? Du bist kein unreifer Knabe mehr, sondern schon ein erwachsener Mann. Wenn du jetzt nachlässig und leichtsinnig bist und immer nur Vorsätze um Vorsätze faßt und immer einen Tag nach dem andern festsetzest, nach dessen Ablauf du an dir arbeiten willst, dann wirst du, ohne es zu merken, gar nicht vorwärtskommen, sondern dein Leben lang ein ungebildeter Mensch bleiben, bis du stirbst.
Halte dich also endlich für würdig, wie ein erwachsener Mann und wie ein Fortschreitender zu leben.
Und alles, was dir als das Beste erscheint, sei dir ein unverbrüchliches Gesetz.

Und wenn dir etwas Beschwerliches oder Angenehmes, etwas Ruhmvolles oder Ruhmloses entgegentritt, dann denke: Jetzt gilt es zu kämpfen: da sind die olympischen Spiele, nun gibt es keinen Aufschub mehr! und: an einem einzigen Tage, durch eine einzige Handlung wird das ganze bisher Errungene vernichtet oder erhalten.
Sokrates hatte eine solche Vollkommenheit erreicht: bei allem, was ihm begegnete, achtete er auf nichts anderes als auf die Vernunft. Du aber, wenn du auch noch kein Sokrates bist, solltest so leben, als wolltest du einer werden. [51]

Der erste und notwendigste Teil in der Philosophie ist die Anwendung ihrer Lehren im Leben, z. B.: nicht zu lügen.
Der zweite handelt von den Beweisen, z. B.: weshalb man nicht lügen soll.
Der dritte dient zur Begründung und weiteren Ausgestaltung ebendieser Beweise: z. B. aus welchem Grunde ist dies ein Beweis? was ist überhaupt ein Beweis? was eine Folge, was ein Widerspruch, was ist wahr und was falsch?
Dieser dritte Teil ist notwendig wegen des zweiten und der zweite wegen des ersten; der notwendigste, mit dem man sich immer beschäftigen sollte, ist der

erste. Wir aber machen es umgekehrt: wir beschäftigen uns mit dem dritten Teile und verwenden darauf all unseren Eifer. Um den ersten kümmern wir uns überhaupt nicht; deshalb lügen wir; wie man aber beweist, daß man nicht lügen darf – das ist uns geläufig. [52]

Bei allem sei uns dieser Spruch gegenwärtig:

Allmächt'ger Zeus und du Verhängnis, führet mich
Auf den Platz, der von euch bestimmt mir ist:
Ich folge ohne Zaudern. Wollt' ich's nicht –
Ein Frevler wär' ich, und ihr zwängt mich doch![3]

»Wer dem Geschick sich wohl zu fügen weiß,
Der ist uns weise und er kennt das Göttliche.«[4]

Ja, Kriton, wenn es den Göttern so gefällt, dann mag es also geschehen.[5]

Töten können mich Anytus und Meletus wohl, doch schaden können sie mir nicht.[5] [53]

Aus den Gesprächen

Arrian wünscht Heil dem Lucius Gellius

Ich habe die Reden des Epiktet weder so abgefaßt, wie man solche Dinge wohl abfassen könnte, noch habe ich sie selber unter die Leute gebracht; ich behaupte auch gar nicht, ihr Verfasser zu sein. Was ich ihn aber habe sagen hören, ebendas habe ich versucht, möglichst mit seinen eigenen Worten aufzuschreiben, um es mir für später zur Erinnerung an seine Gesinnung und den Freimut seiner Rede aufzubewahren. Es ist daher wohl begreiflich, daß die Form meiner Darstellung so ist, wie wenn jemand gleich danach einem anderen davon erzählte, nicht so, wie man sie abfassen würde, damit andere sie später läsen. In dieser Form sind sie, ich weiß nicht wie, ohne mein Wissen und gegen meine Absicht unter die Leute gekommen. Doch mich kümmert es wenig, wenn es hiernach scheinen könnte, daß ich nicht die Begabung zur Darstellung hätte, wohl aber den Epiktet, wenn jemand seine Reden darum verachten sollte; denn auch damals, als er sie sprach, hatte er offenbar nur das eine Ziel, die Herzen seiner Hörer zum Guten zu erwecken. Wenn also

ebendas diese Reden bewirken sollten, dann hätten sie, mein' ich, die Kraft, die gerade die Reden der Philosophen haben müssen. Sollte dem aber nicht so sein, dann sollen die Leser doch das wissen, daß sie, als er sie selbst sprach, auf die Hörer gerade den Eindruck machten, den er in ihnen erwecken wollte. Wenn aber die Reden für sich allein diese Wirkung nicht haben, so ist das vielleicht meine Schuld, vielleicht aber auch nach Lage der Dinge unvermeidlich.
Lebe wohl!

Was in unserer Macht steht und was nicht

Von den andern Fähigkeiten werdet ihr keine finden, die vermag, sich selbst (wissenschaftlich) zu betrachten, geschweige denn, sich selbst gutzuheißen oder zu verwerfen. So z. B. die Schreibkunst: wie weit besitzt sie die Fähigkeit der Betrachtung? Bis zur Unterscheidung der Buchstaben. Die Musik? Bis zur Unterscheidung der Melodie. Kann sich also eine von diesen Künsten selbst betrachten? Unmöglich. Aber wenn du an einen Freund schreiben willst, wird dir die Schreibkunst über die dabei erforderlichen Schriftzeichen Auskunft geben. Ob du aber an den Freund schreiben sollst oder nicht, kann dir die Schreibkunst nicht sagen. Und ebenso steht es mit der Musik in betreff der Melodie. Ob es aber jetzt angezeigt ist, zu singen und Zither zu spielen oder nicht, kann dir die Musik nicht sagen. Wer denn aber? *Die* Fähigkeit, die sich selbst und alles andere zu betrachten vermag. Welche ist das? *Das Denkvermögen.* Denn dies allein besitzen wir als dasjenige, das sowohl sich selbst erkennen kann – was es ist, was es vermag und welchen Wert es hat – wie auch alle anderen Künste und Wissenschaften. Denn wer anders sagt uns denn, daß das Gold schön ist? Das Gold selbst sagt es doch nicht. Das tut vielmehr offenbar die Fähigkeit, die Vorstellungen zu gebrauchen. Was ist es denn anders, was die Musik, die Schreibkunst, die anderen Künste und Wissenschaften unterscheidet, ihren Gebrauch prüft und den richtigen Zeitpunkt für ihre Anwendung angibt? Nichts anderes.

Wie es nun recht und billig war, haben die Götter von allem das Stärkste und Maßgebende allein in unsere Macht gegeben, den richtigen Gebrauch der Vorstellungen, alles andere aber nicht. Etwa, weil sie es nicht wollten? Ich für meine Person glaube vielmehr: wenn sie es gekonnt hätten, hätten sie auch die anderen Dinge in unsere Macht gegeben. Aber sie konnten es überhaupt nicht. Denn wo wir auf der Erde leben und

unser Dasein an einen solchen Körper gebunden ist und an solche Schicksalsgenossen, wie wäre es da möglich, in diesen Beziehungen von den Außendingen nicht gehindert zu werden?
Aber was sagt Zeus? »Epiktet, wenn es möglich gewesen wäre, hätte ich auch deinen armen Leib und dein bißchen Besitz frei und unhemmbar geschaffen. Nun aber – darüber darfst du dich nicht täuschen – ist dieser nicht dein Eigentum, sondern nichts als kunstvoll gemischter Kot. Da ich das aber nicht vermochte, habe ich dir ein Stück von unserem Wesen gegeben: die Fähigkeit, zu wollen und nicht zu wollen, zu begehren und zu meiden und überhaupt die Vorstellungen zu gebrauchen; wenn du diese Anlage voll entwickelst und auf sie dein Leben gründest, dann wirst du niemals gehindert, niemals gehemmt werden, nicht stöhnen, nicht murren und dich vor niemandem erniedrigen. Wie? Scheint dir das etwas Geringes?« »Behüte!« »Bist du also damit zufrieden?« »Das hoffe ich bei den Göttern.«
Wie aber steht es in Wirklichkeit? Obgleich wir die Möglichkeit besitzen, uns nur um *ein* Gebiet zu kümmern und unser Glück auf einen einzigen Grund zu bauen, wollen wir uns lieber um vielerlei Dinge bekümmern und an vieles gebunden sein, an unseren Körper, an äußeren Besitz, an Bruder, Freund, Kind

und Sklaven. Da wir so an viele Dinge gekettet sind, werden wir von ihnen beschwert und niedergezogen. Daher sitzen wir, wenn einmal Windstille ist, voll Ungeduld da und schauen in einem fort heimlich aus: was für Wind weht? »Nord.« – Was geht der uns an? – »Wann wird Westwind aufkommen?« – Wann es ihm beliebt, bester Freund, oder dem Aiolos. Denn Gott hat dich nicht zum Herrn der Winde gemacht, sondern den Aiolos. Was nun? Wir müssen die Dinge, die in unserer Macht stehen, möglichst gut einrichten, alles andere aber so nehmen, wie es kommt. »Wie kommt es denn?« – Wie Gott will.

»Soll ich denn ganz allein jetzt geköpft werden?« – Wieso? Wolltest du etwa, daß alle Menschen geköpft würden, damit du einen Trost hättest? Willst du deinen Hals nicht so hinhalten wie jener Lateranus in Rom, der auf Neros Befehl geköpft werden sollte? Er hatte nämlich seinen Hals hingehalten, war auch getroffen, aber der Hieb war zu schwach gewesen; da duckte er sich einen Augenblick zusammen und hielt dann seinen Hals wieder hin. Aber auch vorher noch, als Epaphroditos, der Freigelassene Neros, an ihn herangetreten war und ihn verhören wollte, erwiderte er: »Wenn ich etwas wünsche, werde ich es schon deinem Herrn sagen.«

»Was muß man sich also in solcher Lage gegenwärtig

halten?« – Was denn anderes, als sich darüber klar sein, was uns gehört und was nicht, was uns verstattet ist und was nicht? Sterben muß ich einmal. Brauche ich deshalb dabei zu stöhnen? Oder: ich soll gefesselt werden. Soll ich darum dabei jammern? Oder: ich soll verbannt werden. Hindert mich darum jemand, dabei zu lachen, guten Mutes und wohlauf zu sein? »Verrate die Geheimnisse!« – Das tue ich nicht, denn es steht nicht in meiner Macht. »Aber ich werde dich fesseln lassen!« – Mensch, was sagst du? Mich? Mein Bein kannst du fesseln lassen; meinen Willen kann nicht einmal Zeus zwingen! »Ich werde dich ins Gefängnis werfen!« Meinen sterblichen Leib. »Ich lasse dich köpfen!« – Wann hätte ich dir gesagt, daß nur *mein* Hals unverwundbar ist? – In solchen Gedanken müssen sich die Jünger der Philosophie üben, solche Gedanken sich täglich einprägen, in ihnen sich stählen.

Thrasea[6] pflegte zu sagen: »Ich will lieber heute hingerichtet als morgen verbannt werden.« Was sagte ihm Rufus[7] hierauf? »Wenn du das als das Schlimmere wählst, welch törichte Wahl! Wenn aber als das Leichtere, wer stellt dir die Wahl anheim? Willst du dich nicht darin üben, mit dem zufrieden zu sein, was dir gegeben wird?

Darum, wie sagte doch Agrippinus[8]? »Ich stehe mir

selbst nicht im Wege.« – Es wurde ihm gemeldet: »Sie sitzen im Senat über dich zu Gericht!« – »In Gottes Namen. Doch es ist 10 Uhr«; – zu dieser Stunde pflegte er Leibesübungen zu treiben und dann zu baden – »wir wollen gehen und turnen!« Als er geturnt hatte, kam ein Bote und meldete ihm: »Du bist verurteilt!« – »Zu Verbannung oder zum Tode?« »Zu Verbannung.« »Und mein Vermögen?« »Ist nicht beschlagnahmt.« »Gehen wir also nach Aricia[9] und frühstücken!«

Das heißt bereit sein, wie man sich bereiten soll, sein Begehren und Meiden so einrichten, daß jenes nicht gehindert werden, dies nicht dem zu Meidenden verfallen kann. Sterben muß ich einmal. Wenn jetzt schon, gut, dann sterbe ich. Wenn aber erst nach einer Weile, dann frühstücke ich jetzt, wenn die Stunde dafür gekommen ist, und dann werde ich, wenn es soweit ist, sterben. Wie? Wie es sich ziemt für einen, der fremdes Eigentum zurückgibt. [I. 1]

Entweder Philosoph oder Kind der Welt

Auf den Punkt mußt du vor allem dein Augenmerk richten, daß du dich nicht bei Gelegenheit mit einem deiner früheren Bekannten oder Freunde so weit einläßt, daß du mit ihm auf das gleiche Niveau herabsinkst; sonst verlierst du dich selbst. Wenn dich aber der Gedanke beschleicht: »Ich werde ihm weltfremd vorkommen, und er wird nicht so gegen mich sein wie früher«, dann bedenke, daß nichts auf der Welt umsonst zu haben ist und daß es unmöglich ist, wenn man nicht mehr dasselbe treibt, noch derselbe wie einst zu sein. Eins von beiden mußt du wählen: entweder bei deinen alten Freunden noch ebenso beliebt zu sein wie früher, indem du ebenso bist wie früher, oder, falls du über deinen früheren Standpunkt hinausgeschritten bist, auf deine früheren Beziehungen zu verzichten. Denn wenn dies besser ist, dann neige dich alsbald nach dieser Seite hin und laß dich nicht durch die Gedanken der andern Seite irremachen. Kann doch niemand, der zween Herren dient, wirkliche Fortschritte machen, sondern, wenn du dies Lebensideal allem andern vorziehst, wenn du dich allein diesem widmen und dies mit ganzer Kraft betreiben willst, dann verzichte auf alles andere! Sonst wird dir diese zweideutige Haltung doppelten Schaden bringen. Du wirst weder nennenswerte Fortschritte machen noch die Beliebtheit erlangen, die dir früher zuteil ward. Denn früher, wo du ganz offen den wertlosesten Dingen nachjagtest, warst du bei deinen Kameraden gern gesehen. Du kannst dich aber unmöglich auf beiden Gebieten auszeichnen. Sondern unweigerlich mußt du, soviel du dich dem einen widmest, auf dem andern versagen. Du kannst unmöglich, wenn du dich nicht mehr auf die Zechereien mit deinen alten Kameraden einläßt, bei ihnen noch in gleicher Weise beliebt sein. Darum wähle, ob du ein Bruder Liederlich sein willst und bei ihnen gern gesehen oder ein nüchterner Mensch, den sie nicht leiden mögen. Du kannst unmöglich, wenn du nicht mehr mit deinen alten Freunden singst, bei ihnen noch ebenso beliebt sein. Darum wähle auch hier eins von beiden. Denn wenn es mehr wert ist, ein ordentlicher und anständiger Mensch zu sein, als daß einer von ihnen von dir sagt: »Ein netter Kerl!«, dann gib das eine auf, verzichte darauf, kehr' dich davon ab, habe nichts mehr damit gemein! Wenn dir das aber nicht gefällt, dann wende dich ganz und gar nach der entgegengesetzten Seite hin: werde einer von den Lüstlingen, von den Ehebrechern und treibe, was dazugehört; dann wirst du erreichen, wonach du begehrst. Und spring' auf und jauchze dem Tänzer zu! – –

So verschiedene Rollen vertragen sich nicht miteinander. Du kannst nicht zugleich Thersites spielen und Agamemnon. Wenn du ein Thersites sein willst, mußt du einen Buckel und eine Glatze haben; wenn aber ein Agamemnon, stattlich und schön sein und ein Herz haben für deine Untergebenen. [IV. 2]

An Naso

Als einer der römischen Beamten mit seinem Sohn zu ihm gekommen war und eine Vorlesung hören wollte, sagte er: »Dies ist die Art und Weise des Unterrichts« und verstummte. Als aber jener den Wunsch äußerte, daß er weiter fortfahren möchte, erwiderte er: Jede Kunst und Wissenschaft bringen, wenn sie gelehrt werden, dem Laien, der ihrer unkundig ist, Mühsal. Freilich die Erzeugnisse der Künste und Gewerbe lassen sofort den Gebrauch erkennen, zu dem sie bestimmt sind, und die meisten von ihnen haben auch etwas Anziehendes und Reizvolles. Denn auch beim Schusterhandwerk macht es kein Vergnügen, dabeizustehen und zuzusehen, wie es einer lernt; dagegen ist der Schuh ein nützliches Ding und überdies nicht unerfreulich anzusehen. Auch das Lernen des Zimmermanns ist besonders für den Laien, der zufällig dabei zugegen ist, unerquicklich; sein Werk aber offenbart den Nutzen seiner Kunst. In noch viel stärkerem Maße kannst du das gleiche bei der Musik beobachten. Denn wenn du dabei bist, wie einer darin unterrichtet wird, wird dir das Lernen dieser Kunst von allem am unerfreulichsten scheinen, während doch die Werke der Musik den Laien lieblich und ergötzlich zu hören sind. Und in unserem Falle stellen wir uns die Leistung des Philosophen in dem Sinne vor, daß er seinen eigenen Willen in Einklang mit dem Weltlauf bringen muß, so daß weder etwas von dem, was geschieht, gegen seinen Willen geschieht, noch von dem, was nicht geschieht, etwas nicht geschieht, trotzdem er es will. Daher hat derjenige, der diese Leistung vollbringt, als Gewinn von ihr, bei seinem Begehren sein Ziel nicht zu verfehlen, bei seinem Meiden nicht dem Gemiedenen zu verfallen, frei von Kummer, Furcht und Aufregung für sich zu leben, während er im Verkehr mit seinen Mitmenschen seine durch die Natur gegebenen und seine freiwillig eingegangenen Beziehungen zu andern bewahrt: dem Sohn, dem Vater, dem Bruder, dem Bürger, dem Gatten oder der Gattin, dem Nachbarn, dem Reisegefährten, dem Herrscher, dem Untertan.

So stellen wir uns das Werk des Philosophen vor. Im übrigen wollen wir im Zusammenhang hiermit sehen, wie sich dies verwirklichen läßt. Wir sehen doch, daß der Zimmermann, wenn er gewisse Dinge gelernt hat, zum Zimmermann wird und ebenso der

Steuermann. Genügt also nicht auch in unserem Falle der Wille, gut und tüchtig zu werden, im Verein mit der Notwendigkeit, auch gewisse Kenntnisse zu erwerben? Wir fragen uns daher, worin diese bestehen. Die Philosophen behaupten, daß man zuerst das begreifen muß, daß es einen Gott gibt, der für das Weltganze sorgt, und daß es unmöglich ist, vor ihm verborgen zu bleiben, nicht nur bei dem, was man tut, sondern auch bei dem, was man denkt oder in seinem Herzen bewegt. – Sodann, welcher Art die Götter sind. Denn welcher Art sich ihr Wesen dem Suchenden ergibt, danach muß derjenige, der ihnen gefallen und gehorchen will, versuchen, nach Kräften ihnen gleich zu werden. Wenn die Gottheit vertrauenswürdig ist, muß auch er vertrauenswürdig sein, wenn sie innerlich frei ist, auch er, wenn wohltätig, auch er, wenn hochgesinnt, auch er. Er muß also als ein Nacheiferer Gottes alles, was sich aus dessen Wesen ergibt, sagen und tun.

Wo soll man nun anfangen? – Wenn du dich auf das Unternehmen einläßt, so sage ich dir, daß du zuerst die Worte verstehen mußt. – Verstehe ich denn jetzt die Worte nicht? – Nein. – Wie gebrauche ich sie denn? – So wie die Leute, die nicht lesen und schreiben können, die in Schriftzeichen darstellbaren Laute, wie die Tiere ihre Vorstellungen. Denn Gebrauch und Verstehen einer Sache sind zwei ganz verschiedene Dinge. Wenn du sie aber zu verstehen meinst, gut; nimm ein beliebiges Wort, und wir wollen uns prüfen, ob wir es verstehen. – »Aber für einen Mann, der schon älter ist und möglicherweise seine drei Feldzüge mitgemacht hat, ist es peinlich, sich wie ein Schuljunge belehren zu lassen.« – Auch ich weiß das. Denn jetzt bist du zu mir gekommen als ein Mann, der nichts bedarf. Was könntest du dir auch ausdenken, was dir noch fehlte? Du bist reich, hast vielleicht Weib und Kinder und viele Sklaven, der Kaiser kennt dich, in Rom hast du viele Freunde, erfüllst deine Pflichten als Staatsbürger, weißt dem, der dir Gutes tut, mit Gutem zu vergelten, und dem, der dir Böses zufügt, mit gleicher Münze heimzuzahlen. Was fehlt dir also noch?

Wenn ich dir aber klarmache, daß du das, was das Notwendigste und Wichtigste zur Glückseligkeit ist, überhaupt nicht kennst und daß du bisher dich um alles andere eher gekümmert hast als um das Notwendige, und wenn ich dann meinen Behauptungen die Krone aufsetze, indem ich erkläre: du weißt weder, was Gott, noch, was der Mensch, noch, was Gut und Böse ist, und das wäre hinsichtlich der anderen Menschen vielleicht noch zu ertragen; daß du aber dich selbst nicht kennst – – wie kannst du dir das von mir gefallen, die Belehrung ruhig über dich ergehen lassen und dableiben? Nimmermehr, du wirst sofort im Zorn davongehen. Aber was hätte ich dir Böses getan? Dann täte ja auch der Spiegel dem Häßlichen Böses, weil er ihn ihm zeigt, wie er ist. Und ebenso täte der Arzt dem Kranken unrecht, wenn er ihm sagte: »Mensch, dir scheint nichts zu fehlen, aber du hast Fieber. Faste heute, trink Wasser!« – Aber in solchem Falle sagt niemand: »Welch unerhörte Frechheit!« – Wenn man aber jemandem sagt: »Deine Begierden sind entzündet, dein Meiden ist kriecherisch, dein Vorhaben widerspruchsvoll, dein Wollen nicht im Einklang mit dem Weltlauf, deine Meinungen unüberlegt und falsch«, dann rennt er sofort davon und schreit: »Er hat mich beleidigt!«

Unser Leben ist dem Treiben auf einem Jahrmarkt ähnlich, da werden Mengen von Kleinvieh und Rindern zum Verkauf angetrieben; und von den Menschen wollen die einen kaufen, die andern verkaufen. Aber einige wenige gibt es, die nur gekommen sind, um das Treiben zu schauen, wie es sich abspielt und aus welchen Gründen, und wer die sind, die den Jahrmarkt veranstalten, und zu welchem Zweck sie es tun. So auch hier auf diesem großen Jahrmarkt: die einen kümmern sich wie das Vieh um weiter nichts als ihr Futter; denn ihr alle, die ihr euch um äußeren

Besitz, um Ackerland und Sklaven und gewisse Ämter bemüht, (müßt wissen, daß) diese Dinge nichts anderes als Futter sind. – Ganz vereinzelt aber sind jene Gäste auf dem Jahrmarkt, die ganz von der Lust am Schauen erfüllt sind, die ergründen möchten, was denn eigentlich dieser Weltstaat ist und wer ihn regiert. Niemand? Und wie wäre es möglich, daß eine Stadt oder ein Haus ohne einen Leiter und Vorsteher auch nicht einen Tag bestehen kann, daß aber dies gewaltige und herrliche Gebilde auf das Geratewohl nach blindem Ungefähr in so wunderbarer Ordnung verwaltet wird? Es muß also jemanden geben, der es regiert. Welcher Art ist er, und wie regiert er? Und wir, wer sind wir, die wir von ihm geschaffen sind? Und was ist unsere Bestimmung? Haben wir irgendeine Verbindung und innere Beziehung zu ihm oder nicht? Solche Gedanken sind es, die jene wenigen bewegen. Und fortan ist ihr Sinnen nur darauf gerichtet, das Jahrmarkttreiben wirklich kennenzulernen und dann zu scheiden. Wie aber geht es? Von der Menge werden sie ausgelacht, gerade wie dort die Zuschauer von den Geschäftsleuten. Und wenn das Vieh dort menschlichen Verstand hätte, würde es ebenfalls alle, die etwas anderes als sein Futter bewundern, verlachen. [II. 14]

Vom Verlassensein

Verlassenheit ist die Lage eines Menschen, dem keiner helfen kann. Denn wer allein ist, ist darum nicht gleich auch verlassen, wie umgekehrt der, der sich in einer großen Gesellschaft befindet, verlassen sein kann. Wenn wir nun einen Bruder, einen Sohn oder Freund verloren haben, der unser Trost war, dann sagen wir wohl, wir wären verlassen, selbst wenn wir in Rom leben, wo uns ein solcher Haufe von Menschen auf der Straße begegnet und so viele mit uns zusammenwohnen; auch mancher, der viele Sklaven besitzt, spricht wohl so. Denn seinem Begriff nach meint das Wort »verlassen« jemanden, dem keiner zu Hilfe kommen kann; einen Menschen, der denen, die ihm Böses tun wollen, rettungslos preisgegeben ist. Deswegen nennen wir uns, wenn wir reisen, vor allem dann verlassen, wenn wir unter die Räuber fallen. Denn von Verlassenheit befreit noch nicht der Anblick überhaupt eines Menschen, sondern nur der eines zuverlässigen, sittsamen und hilfreichen Menschen. Denn wenn das Alleinsein schon genügt, um verlassen zu sein, dann kann man auch behaupten, daß sogar Zeus – beim Weltbrande – verlassen ist und sich selbst beweint: »Ich Armer, ich habe weder Hera noch Athene, noch

Apollon, noch überhaupt Bruder oder Sohn, noch Enkel oder sonst einen Verwandten!« – Einige behaupten ja auch wirklich, ebendas täte er, wenn er beim Weltbrande allein sei. Denn sie können sich eine andere Beschäftigung von ihm, wenn er allein ist, nicht vorstellen, zumal wo sie von einer Art natürlicher Grundlage ausgehen, davon nämlich, daß er von Natur Neigung zur Geselligkeit hat, seinesgleichen liebt und gern mit den Menschen verkehrt. Aber nichtsdestoweniger muß man auch dazu die Fähigkeit besitzen, daß man sich selbst genügt, nur mit sich selbst zusammen ist. Wie Zeus nur mit sich selbst zusammen ist, in sich selbst ruht und das Wesen seines eigenen Weltregiments überdenkt und in Betrachtungen versunken ist, die seiner würdig sind, so müssen auch wir imstande sein, uns mit uns selbst zu unterhalten, ohne der Gesellschaft anderer zu bedürfen oder um Unterhaltung verlegen zu sein; das Walten der Gottheit zu überdenken und unser eigenes Verhältnis zu den andern Dingen; darüber nachzudenken, wie wir uns früher zum Weltlauf stellten und wie jetzt; was es für Dinge sind, die uns noch plagen; wie auch diese kuriert, wie sie beseitigt werden können; ob noch etwas in uns der Vollendung bedarf, um es dementsprechend zu vollenden.

Ihr seht ja, daß uns der Kaiser einen großartigen Frieden zu verbürgen scheint, wo es keine Kriege und Schlachten mehr gibt, keine Räuberbanden oder Piratenflotten; man kann zu jeder Jahreszeit ungefährdet reisen und die See vom Osten bis zum Westen befahren. Kann er uns aber auch Frieden vor dem Fieber verschaffen oder vor Schiffbruch, vor Feuersbrunst, Erdbeben oder Gewitter? Oder vor der Liebesleidenschaft? Nein! Vor dem Kummer? Nein! Vor dem Neid anderer? Er kann es überhaupt vor keinem dieser Dinge. Dagegen verheißt die Rede der Philosophen, uns auch vor diesen Mächten Frieden zu verschaffen. Denn was verspricht sie? »Wenn ihr mir folgt, ihr Menschen, dann werdet ihr, wo ihr auch sein, was ihr auch tun mögt, keinen Kummer haben, nicht in Zorn geraten, nicht gezwungen, nicht gehindert werden können und ein Leben haben, frei von Leiden und von allem Übel.« – Wenn jemand solchen Frieden hat, der nicht vom Kaiser – denn woher sollte dieser die Macht nehmen, solchen Frieden zu verkünden? –, sondern von Gott verkündet ist durch die Vernunft, wird ein solcher Mensch nicht sein Genügen finden, wenn er allein ist? Wenn er bedenkt und überlegt: »Jetzt kann mir kein Übel widerfahren; für mich gibt es keine Räuber, für mich kein Erdbeben; alles atmet Frieden, alles Ruhe der Seele; keine Straße, keine Stadt, kein Begleiter, kein Nachbar oder Gefährte kann mir Böses tun. Ein anderer, der dafür sorgt, spendet mir Nahrung und Kleidung, ein anderer hat mir Sinne und Denkkraft verliehen. Wenn er aber das zum Leben Notwendige nicht mehr gewährt, so gibt er damit das Zeichen zum Rückzug, öffnet die Tür und spricht zu dir: ›Geh!‹ Wohin? In kein Land des Grauens, sondern dahin, woher du gekommen bist, in das Reich der Lieben und Verwandten, in die Elemente. So viel in dir Feuer war, entweicht zum Feuer, was Erde war, zur Erde, Hauch zum Hauch, Wasser zum Wasser. Da ist kein Hades, kein Acheron, kein Strom der Tränen und kein Strom der Flammen, sondern »alles voll von Göttern und guten Geistern«. –

Wer solche Gedanken zu denken vermag und seine Augen auf die Sonne, den Mond und die Sterne richtet und seine Freude hat an Erde und Meer, der ist ebensowenig verlassen wie hilflos. »Aber wenn mich nun einer überfällt, wenn ich allein bin, und mich ermorden will?« Du Tor, *dich* doch nicht, nur deinen sterblichen Leib!

Was gibt es da noch für Verlassenheit, was für Not? Warum wollen wir uns hilfloser anstellen als die Kinder? Denn was tun diese, wenn sie allein gelassen sind? Sie sammeln sich Muscheln und Sand und bauen sich Häuser, dann reißen sie sie wieder ein und bauen neue und sind so nie um Unterhaltung verlegen. Soll ich etwa, wenn ihr mit dem Schiff abgefahren seid, zu Hause sitzen und heulen, daß ich allein zurückgeblieben bin und verlassen? Also keine Muscheln haben und keinen Sand? Und während die Kinder aus Unverstand so handeln, wollen wir aus Klugheit verzagen? [III. 13]

An jene, die wegen Krankheit abreisen wollten

Ich bin krank hierzulande und will nach Hause reisen.« – Bist du etwa zu Hause nicht krank? Überlegst du denn gar nicht, ob du hierzulande etwas vorwärtsbringst von dem, was deine Seele angeht, um sie auf den rechten Weg zu bringen? Denn wenn du hier keinerlei Fortschritte machst, dann bist du auch vergeblich hierhergekommen. Zieh von hinnen und kümmere dich um deine Sachen zu Hause. Denn wenn deine Seele nicht vermag, in einen naturgemäßen Zustand zu kommen, so wird es doch dein bißchen Ackerland können, und dein bißchen Geld wirst du mehren. Du wirst deinen Vater im Alter pflegen, auf dem Markt verkehren, ein Amt bekleiden. Schlecht, wie du bist, wirst du auch das, was solche Tätigkeit mit sich bringt, schlecht machen. Wenn du aber auf dich selbst acht gibst und inne wirst, daß du manche niedrige Lebensanschauungen abwirfst und statt ihrer andere aufnimmst und daß du deinen Standpunkt von den Dingen, die nicht in deiner Macht stehen, auf die im Bereich deines Wollens liegenden verlegt hast, und wenn du einmal sagst: »Wehe mir!«, dies nicht sagst wegen deines Vaters oder Bruders, sondern wegen deiner selbst – denkst du da überhaupt noch an deine Krankheit? Weißt du nicht, daß uns auch Krankheit und Tod bei irgendeiner Tätigkeit treffen müssen? So ereilen sie den Bauern beim Landbau, den Schiffer auf hoher See. Und du, bei welcher Tätigkeit möchtest du betroffen werden? Denn bei irgendeiner Tätigkeit mußt du doch betroffen werden. Wenn du eine Tätigkeit weißt, die besser als diese ist, um dabei ereilt zu werden, so treibe diese.

Möchte *mir* doch beschieden sein, bei keiner andern Arbeit ereilt zu werden als der Sorge für meine Seele, daß sie leidenschaftslos, unhemmbar, unbezwinglich und wahrhaft frei wird. Bei solchem Tun will ich betroffen werden, damit ich zu Gott sagen kann: »Ich habe doch nicht etwa deine Gebote übertreten? Ich habe doch nicht die Anlagen, die du mir verliehen, zu anderen Zwecken gebraucht? Meine Sinne doch nicht zu anderem Zwecke oder meine Vernunft?

Habe ich je wider dich gemurrt? Habe ich je auf dein Walten gescholten? Ich war krank, als du es wolltest; auch die andern Menschen freilich, aber *ich* war es gern. Ich war arm, da du es wolltest, aber *ich* war es mit Freuden. Ich habe kein weltliches Amt verwaltet, weil du es nicht wolltest; darum habe ich (auch) niemals nach einem Amte begehrt. Hast du mich deswegen jemals mit finsterer Miene gesehen? Bin ich nicht stets mit heiterem Angesicht zu dir gekommen, deiner Befehle, deiner Winke gewärtig? Jetzt willst du, daß ich das Fest verlasse: ich scheide und danke dir von Herzen, daß du mich würdig befunden hast, mit dir an dem Fest teilzunehmen, deine Werke zu schauen und dein Walten im Weltall mit meinem Geist zu erfassen. Möchte mich doch, wenn ich solches denke, solches schreibe oder lese, der Tod ereilen!« [III. 5]

Gott in uns

Gott bringt Segen, aber auch das Gute bringt Segen. Es ist daher begreiflich, daß da, wo das Wesen Gottes ist, auch das des Guten liegt. Was ist nun das Wesen Gottes? Fleisch? Nimmermehr! Grundbesitz? Nimmermehr! Gerede der

Menschen? Nimmermehr! – Geist, Erkenntnis, die wahre Vernunft! Da suche überhaupt das Wesen des Guten! Denn du suchst es doch nicht in der Pflanze? Nein. Doch nicht im vernunftlosen Tier? Nein. Wenn du es also in vernünftigen Wesen suchst, was suchst du es noch anderswo als in dem Unterschied gegenüber den unvernünftigen? Die Pflanzen sind nicht einmal im Besitz von Vorstellungen; daher schreibst du ihnen den Besitz des Guten nicht zu. Zum Guten gehört also notwendig der Gebrauch von Vorstellungen. Nur er? Denn wenn es nur auf diesen ankommt, dann wirst du anerkennen müssen, daß auch in den andern Lebewesen das wahrhaft Gute vorhanden ist wie auch Gottseligkeit und Unseligkeit. Aber das wirst du nicht behaupten wollen und tust gut daran. Denn wenn sie auch günstigstenfalls den Gebrauch von Vorstellungen besitzen, so fehlt ihnen doch die Erkenntnis vom Gebrauch ihrer Vorstellungen; begreiflich genug, denn sie sind anderen Wesen zum Dienen bestimmt, nicht Selbstzweck. Denn der Esel ist doch nicht um seiner selbst willen geschaffen? Nein, sondern deshalb, weil wir seinen Rücken brauchten, um Lasten zu tragen. Aber – beim Zeus! – wir konnten ihn nur gebrauchen, wenn er auch die Fähigkeit hatte, sich fortzubewegen. Deswegen hat er auch den Gebrauch von Vorstellungen erhalten. Denn sonst könnte er sich nicht fortbewegen. Und seine weitere Befähigung hat hier ihre Grenze. Wenn er aber auch selber noch die Erkenntnis vom Gebrauch der Vorstellungen erhalten hätte, dann wäre er offenbar uns nicht mehr untertan und gewährte uns nicht solchen Nutzen, sondern wäre uns gleich und ebenbürtig.

Willst du nun das Wesen des Guten nicht da suchen, wo es allein sein kann, da du keinem andern Dinge das Gute zuschreiben kannst? – »Wie? Sind nicht auch jene Wesen[10] Werke der Götter?« – Gewiß, aber sie sind weder um ihrer selbst willen da noch Teile der Götter. *Du* aber bist ein Wesen, das seinen Zweck in sich selbst trägt; du bist ein Stück von Gott. Du hast in dir einen Teil von ihm. Was verkennst du da deine erlauchte Abstammung? Warum weißt du nicht, woher du gekommen bist? Willst du nicht daran denken, wenn du issest, wer du bist, der da ißt, und wen du ernährst? Wenn du dich vermählst, wer du bist, der dies tut? Wenn du mit andern Menschen verkehrst, Leibesübungen treibst, dich unterredest, weißt du nicht, daß du einen Gott nährst, einen Gott übst? Einen Gott trägst du mit dir herum, du Unglücksmensch, und weißt es nicht! Glaubst du etwa, daß ich einen aus Silber oder Gold meine, der äußerlich sichtbar ist? In dir selbst trägst du ihn, und es kommt dir gar nicht zum Bewußtsein, daß du ihn durch unlautere Gedanken und schmutzige Handlungen besudelst! – – In Gegenwart eines Götterbildes würdest du nicht wagen, etwas von dem zu tun, was du zu tun pflegst; wo aber Gott selbst in dir wohnt und all dein Tun und Lassen sieht und hört, da schämst du dich nicht, solche Dinge zu denken und zu tun – weil du keine Ahnung hast von deiner eigenen Natur, du Gottverworfener! [II. 8]

Verwandtschaft des Menschen mit Gott

Wenn es wahr ist, was die Philosophen von der Verwandtschaft zwischen Gott und Menschen behaupten, was bleibt da den Menschen anderes übrig als das Bekenntnis des Sokrates?, d. h. niemals zu einem, der uns fragt, was für ein Landsmann wir sind, zu sagen: ein Bürger von Athen oder Korinth, sondern ein *Bürger der Welt*? Denn warum nennst du dich nach Athen und nicht vielmehr nach jenem Erdenwinkel, in den dein Leib nach der Geburt fiel? Doch offenbar, weil du dich nach dem Bedeutenderen benennst, was nicht nur jenen Winkel umschließt, sondern auch dein ganzes Haus und überhaupt die Heimat, aus der das Geschlecht deiner Vorfahren bis auf dich herabgekommen ist? Wer nun die Gründe der Weltregierung mit seinem Geist erfaßt und erkannt hat, daß das Bedeutendste, Maßgebendste und Umfassendste von allem die Gemeinschaft der Menschen mit Gott ist und von ihm die Samenkörner herniedergefallen sind, nicht nur in meinen Vater oder Großvater, sondern in alles, was auf Erden erzeugt wird und wächst, vorwiegend aber in die vernünftigen Wesen, weil nur sie befähigt sind, am Verkehr mit Gott teilzunehmen, weil sie durch den Geist (Logos) mit ihm verbunden sind, warum soll sich einer da nicht Bürger der Welt nennen? Warum nicht Sohn Gottes? Warum soll er etwas fürchten von dem, was unter den Menschen geschieht? Aber während die Verwandtschaft mit dem Kaiser oder einem andern der Gewaltigen in Rom ausreicht, um einen Menschen in Sicherheit leben zu lassen, so daß er nichts auf der Welt zu fürchten braucht, weil alle ihn respektieren, da soll uns die Tatsache, daß wir Gott als unsern Schöpfer und Vater und Beschützer haben, nicht von allen Schmerzen und Ängsten befreien? – »Und woher soll ich was zu essen nehmen, wenn ich nichts habe?« – Wie machen es denn die flüchtigen Sklaven, worauf bauen sie, wenn sie ihren Herren entlaufen? Auf Grundbesitz, Knechte oder Gold und Silber? Auf keins von diesen Dingen, sondern *auf sich selbst*; und doch geht ihnen die Speise nicht aus. Und da soll sich der Philosoph auf seiner Reise[11] auf andere verlassen und nicht selbst für sich sorgen, also feiger und schlechter sein als die unvernünftigen Tiere, von denen ein jedes in sich selbst sein Genügen findet und weder an der ihm eigentümlichen Nahrung Mangel leidet noch an der ihm entsprechenden und natürlichen Lebensweise?

Ich für meine Person glaube, daß euer älterer Freund, der hier sitzt, sich nicht darum zu sorgen braucht, daß ihr kleinmütig seid oder niedrige und schwächliche Gedanken über euch selbst hegt; weit eher muß er fürchten, daß einzelne solche Jünglinge vorkommen, die die Verwandtschaft des Menschen mit Gott erkannt haben und sehen, wie wir hier an den Körper und seine Habe gefesselt sind und an alles, was uns um dieser beiden willen zum Lebensunterhalt und Dasein hier auf Erden notwendig wird, und daher all dies als drückenden und unnützen Ballast abwerfen wollen und zu ihren Verwandten zurückkehren. Und diesen Kampf sollte euer Lehrer und Erzieher, falls einer das wirklich ist, kämpfen, während auf der anderen Seite ihr kommt und sagt: »Epiktet, wir ertragen es nicht mehr, an diesen Leib gefesselt zu sein, ihn zu ernähren, zu tränken, ausruhen zu lassen, zu reinigen und dann seinetwegen mit diesen und jenen in Berührung zu kommen! Sind denn diese Dinge nicht gleichgültig, gehen uns gar nichts an, und ist etwa der Tod ein Übel? Und sind wir nicht gleichsam mit Gott verwandt und von ihm gekommen? Laß uns gehen, woher wir gekommen sind, laß uns uns endlich von diesen Fesseln losmachen, die an uns hängen und uns niederziehen! Hier gibt es Räuber, Diebe, Gerichtshöfe und die sogenannten Tyrannen, die über uns eine gewisse Gewalt wegen unseres Körpers und seiner Besitztümer zu haben scheinen. Laß uns ihnen zeigen, daß sie über nichts Gewalt haben!« – Dann würde ich dagegen sagen: »Ihr Menschen, wartet auf Gottes Fügung! Wenn er das Zeichen gibt und euch aus diesem Dienst entläßt, dann macht euch auf zu ihm; unter den gegenwärtigen Umständen aber haltet aus an dem Platze, auf den euch Gott gestellt hat. Diese Zeit eures Daseins ist ja nur kurz und leicht für Männer, die so gesinnt sind. Denn welcher Tyrann oder Dieb oder welche Gerichtshöfe können fürchterlich sein für Menschen, die so den Körper und seinen Besitz für nichts achten? Bleibt, geht nicht unbedacht fort!«

So etwa sollte der Erzieher zu solchen Jünglingen sprechen, die gute Anlagen haben. Aber jetzt, was geschieht? Tot ist der Erzieher, tot seid ihr! Wenn ihr euch heute satt gegessen habt, dann sitzt ihr da und jammert um das Morgen, wovon ihr leben sollt! Du Sklavenseele, wenn du etwas bekommst, wirst du es haben. Wenn du nichts bekommst, gehst du hinaus. Die Tür steht ja offen. Was grämst du dich da? Wo ist da noch Raum für Tränen? Wo ein Anlaß, andern zu schmeicheln? Wie kann da noch einer auf den andern neidisch sein? Weshalb soll er noch die Leute anstaunen, die viel besitzen oder eine große Macht haben, besonders, wenn sie gewalttätig und jähzornig sind? Was können sie uns denn tun? Was sie tun können, das kümmert uns nicht; was uns kümmert, darüber vermögen sie nichts. Wer wäre noch Herr über einen Menschen, der so gesinnt ist? – – Wie stand Sokrates zu solchen Dingen? Wie denn anders, als wie es sich gehörte für einen Mann, der überzeugt ist, daß er mit den Göttern verwandt ist? »Wenn ihr jetzt zu mir sagen würdet (sagt er zu seinen Richtern[12]): ›Wir wollen dich unter der Bedingung freilassen, daß du nicht mehr solche Gespräche führst, wie du sie bis jetzt geführt hast, und daß du unsere Jünglinge und Greise in Ruhe läßt‹, dann würde ich antworten: ihr macht euch lächerlich, wenn ihr meint, daß ich, wenn mich euer Feldherr auf einen Posten stellte, diesen behaupten und halten mußte und tausendmal lieber sterben als ihn verlassen, daß ich aber, wenn mich Gott auf einen Platz und Beruf gestellt hat, diesen euretwegen verlassen soll!«

Das ist ein Mann, der in Wahrheit den Göttern verwandt ist. Doch wir, wie faule Bäuche, wie Gedärme, wie Schamteile, so niedrig denken wir von uns, weil uns Furcht und Begierde beherrschen; vor Menschen, die hierauf Einfluß haben könnten, kriechen wir; und dieselben fürchten wir. [I. 9]

Die Gottheit sieht alles

Als ihn einst jemand gefragt hatte, wie einer glauben könnte, daß alles, was er täte, von Gott gesehen würde, erwiderte er: scheint dir nicht die Gesamtheit aller Dinge eine Einheit zu sein? – »Es scheint so«, sagte der andere. – Wie? Scheinen dir nicht die irdischen Dinge mit den himmlischen in Wechselwirkung zu stehen? – »Ja.« – Woher kommt es denn, daß in so unverbrüchlicher Ordnung wie auf Befehl Gottes die Pflanzen, wenn er ihnen befiehlt zu blühen, alsbald blühen, wenn sie Sprossen treiben sollen, sprossen, wenn sie Frucht bringen sollen, Frucht bringen, wenn sie reifen sollen, reifen und wie auf Gebot ihre Früchte abwerfen, die Blätter abschütteln und dann, in sich selbst zurückgezogen, still stehen und ausruhen? Woher kommt es, daß je nach dem Wachsen oder Schwinden des Mondes und der Annäherung oder Entfernung der Sonne solcher Wechsel und Wandel der irdischen Dinge in ihren entgegengesetzten Zustand beobachtet werden? Und wenn die Pflanzen und unsere Körper so in das Leben des Alls verflochten sind und mit ihm zusammen Veränderungen erleiden, sollten da unsere Seelen nicht noch viel inniger mit dem Allwesen verknüpft sein? Und wenn die Seelen so in das Alleben verflochten und mit der Gottheit verbunden sind als Teilchen und Stücke von ihr, da sollte Gott nicht jede Regung von ihnen wahrnehmen, wo sie doch zugleich ihm eigen und mit ihm verwachsen ist? Doch *du* hast die Fähigkeit, über das göttliche Walten und über jede einzelne Offenbarung der Gottheit und zugleich über menschliche Dinge nachzudenken und zu gleicher Zeit mit deinen Sinnen und in deinem Denken von zahllosen Dingen Eindrücke zu empfangen, zu gleicher Zeit auf die einen zustimmend, auf die andern ablehnend oder mit Zurückhaltung zu erwidern, und bewahrst so viele Eindrücke von so vielen und mannigfachen Dingen in deiner Seele und kommst, von ihnen bewegt, auf Gedanken ähnlicher Art wie die jener, die sie zuerst im Wort geformt haben, und bewahrst Künste über Künste und Erinnerungen an zahllose Dinge in deiner Seele – und da sollte Gott nicht imstande sein, alles zu sehen, bei allem gegenwärtig zu sein und von allem Mitteilung zu empfangen? Doch die Sonne vermag einen so großen Teil des Alls zu erleuchten, während sie nur den kleinen Teil unerhellt läßt, der von dem Schatten der Erde bedeckt wird, und da soll er, der auch die Sonne geschaffen hat und als kleinen Teil des Weltganzen herumkreisen läßt, nicht imstande sein, alles, was geschieht, wahrzunehmen?

»Aber ich«, sagt er, »vermag nicht all diese Dinge zugleich zu erfassen.« – Wer behauptet denn auch, daß du das gleiche vermagst wie Zeus? Aber gleichwohl hat er auch jedem Menschen seinen eigenen Genius als Beschützer gesellt und beigegeben, um ihn für ihn zu behüten, einen Begleiter, der sich nicht einschläfern und betrügen läßt. Denn welch anderem besseren und wachsameren Wächter hat er einen jeden von uns anvertraut? Wenn ihr Türen und Fenster verschließt und Dunkel im Innern eures Hauses macht, dürft ihr doch niemals glauben, daß ihr allein seid; denn ihr seid es nicht, sondern Gott ist drinnen und euer Schutzgeist. Und was brauchen diese Licht, um zu sehen, was ihr treibt?

Diesem Gott sollten auch wir einen Eid schwören, wie die Soldaten dem Kaiser. Aber diese schwören, wenn sie den Sold empfangen, das Heil des Kaisers allem andern voranzustellen, und da wollt ihr, die ihr so großer und herrlicher Gaben von Gott gewürdigt seid, ihm nicht schwören oder, wenn ihr geschworen habt, euren Schwur nicht halten? Niemals ungehorsam zu sein, niemals das, was er gegeben, zu schelten oder zu schmähen und nie etwas von dem, was notwendig ist, mit Murren zu tun oder zu leiden! – – Dieser Eid ist jenem ja wunderbar ähnlich! Dort schwören sie, niemanden mehr zu achten als den Kaiser, hier aber, ihre eigene Person allem andern vorgehen zu lassen! [I. 14]

Von der Vorsehung

Ihr dürft euch nicht wundern, wenn den anderen Lebewesen schon die Natur bereitgestellt hat, was ihr Körper braucht, nicht nur Speise und Trank, sondern auch ihr Lager, auch daß sie keines Schuhwerks, keines Bettes und keiner Kleidung bedürfen, während wir Menschen uns dieses alles erst beschaffen müssen. Denn die Wesen, die nicht um ihrer selbst willen, sondern zum Dienst anderer da sind, hätten ja keinen Nutzen, wenn sie der Hilfeleistung anderer bedürften. Denk dir doch einmal aus, was es für eine Ungeheuerlichkeit wäre, wenn wir nicht nur für unsere eigenen Bedürfnisse, sondern auch noch für die unserer Schafe und Esel sorgen müßten: wie sie sich kleiden, sich ihr Schuhzeug beschaffen, wie sie essen und trinken sollten. Aber wie die Soldaten für den Feldherrn gestiefelt, eingekleidet und bewaffnet bereitstehen – es wäre ja toll, wenn der Oberst hin und her rennen und seine tausend Mann selbst beschuhen und anziehen müßte –, so hat auch die Natur die zum Dienen bestimmten Wesen fertig ausgerüstet, so daß sie keiner weiteren Fürsorge bedürfen. Daher kann schon ein kleiner Knabe die Schafe mit einer Gerte zur Weide treiben. Wir aber, anstatt dafür dankbar zu sein, daß wir für sie nicht ebenso wie für uns zu sorgen brauchen, beschuldigen gar wegen unserer vermeintlichen Mängel die Gottheit! Es genügt doch wahrlich – beim Zeus und den anderen Göttern! – schon *eine* dieser Kreaturen, um das Walten der Vorsehung zu erkennen, für den wenigstens, der Ehrfurcht und Dankbarkeit zu empfinden vermag. Doch reden wir jetzt gar nicht von den großen Werken: wer hat denn *das* eingerichtet oder ersonnen, daß aus Weidegras Milch und aus Milch Käse und aus der Haut Wolle wird? »Niemand«, sagt man. Welch greuliche Verstocktheit und Schamlosigkeit!

Doch sehen wir einmal von den Hauptwerken der Natur ab; nur ihre Nebenwerke wollen wir jetzt betrachten. Gibt es wohl etwas Unnützeres als die Haare am Kinn? Wie aber steht es damit? Gebrauchte sie nicht auch diese in denkbar angemessenster Weise? Hat sie nicht dadurch den Mann vom Weibe unterschieden? Ruft nicht schon von weitem die äußere Erscheinung eines jeden von uns: »Ich bin ein Mann; in diesem Sinne verkehre mit mir, in diesem Sinne sprich mit mir; suche nichts anderes. Sieh hier die Merkmale!« Dagegen hat sie der Stimme der Frauen einen zarteren Klang beigemischt, während sie bei ihnen jene Haare fortließ. – Doch nein! Das Lebewesen sollte ohne solchen Unterschied sein und ein jeder von uns verkünden: »Ich bin ein Mann!« – Aber wie schön ist jenes Merkmal, wie angemessen und achtunggebietend, viel schöner als der Kamm des Hahnes, viel großartiger als die Mähne des Löwen! Deswegen sollte man die Merkmale, die Gott gegeben, beibehalten und nicht beseitigen und, soviel an uns liegt, die Unterschiede der Geschlechter nicht verwischen.

Sind dies etwa die einzigen Werke der Vorsehung an uns? Und welche Worte reichten aus, sie nach Gebühr zu schildern und zu preisen? Denn wenn wir Verstand hätten, sollten wir da etwas anderes tun – alle zusammen und ein jeder für sich –, als die Gottheit rühmen und preisen und die Gefühle unseres Dankes zu vollstem Ausdruck bringen? Sollten wir nicht beim Hacken des Feldes, beim Pflügen und beim Essen den Hymnus auf die Gottheit singen: »Groß ist Gott, weil er uns diese Werkzeuge geschenkt hat, mit denen wir die Erde bearbeiten, groß ist Gott, weil er uns Hände, Schlund und Magen verliehen und es so gefügt hat, daß wir wachsen, ohne daß wir es merken, und im Schlaf von selbst atmen?« Solchen Preis sollte man bei jeder Gelegenheit erschallen lassen und den größten und göttlichsten Hymnus dabei singen: daß er uns die Fähigkeit verliehen hat, diese Dinge mit dem Geist zu erfassen und den richtigen Weg hierzu zu benutzen. Doch wie steht es hiermit? Wo ihr, die große Masse, mit Blindheit geschlagen seid, sollte da nicht *einer* sein, der dies Amt versieht und für alle den Lobgesang auf Gott singt? Was vermag ich lahmer Greis denn anderes, als die Gottheit zu preisen? Wenn ich eine Nachtigall wäre, würde ich die Stimme der Nachtigall, wenn ein Schwan, die des Schwanes erklingen lassen. Aber ich bin ein vernunftbegabtes Wesen. Daher muß ich die Gottheit preisen. Das ist mein Beruf; ihn erfülle ich, und diesen Posten werde ich nicht verlassen, solange es mir vergönnt ist, und ich rufe euch zu diesem selben Lobgesang auf. [I. 16]

Vom Wohlgefallen an Gottes Walten

Von den Göttern behaupten einige Philosophen, es gäbe sie gar nicht, andere dagegen, es gäbe wohl eine Gottheit, aber sie sei untätig und gleichgültig und kümmere sich um nichts; eine dritte Gruppe erklärt, es gäbe sie schon und sie walte auch als Vorsehung, jedoch nur für die großen und himmlischen Dinge, dagegen für die irdischen überhaupt nicht; eine vierte Partei meint, sie sorge auch für die irdischen und die menschlichen Dinge, aber nur für das Wohl des Ganzen, nicht auch für jeden einzelnen persönlich; eine fünfte Gruppe, zu der auch Odysseus und Sokrates gehörten, erklärt: »Dir bin ich nicht verborgen, wenn ich mich rege.«

Vor allem nun ist es notwendig, sich über jede dieser Meinungen klar zu werden, ob sie mit gutem Grunde behauptet wird oder nicht. Denn wenn es keine Götter gibt, wie kann da das Lebensziel sein, den Göttern zu folgen? Wenn es sie aber auch gibt, sie sich aber um nichts kümmern, hat jenes Ziel ebenfalls keinen Sinn. Aber auch wenn sie existieren und sich betätigen, wenn davon keinerlei Auswirkung zu den Menschen und – beim Zeus! – auch zu mir gelangt, wie hätte selbst unter dieser Voraussetzung jenes Ziel einen Sinn?

All diese Fragen hat der ernste und tüchtige Mann wohl erwogen und daraufhin seinen eigenen Willen *dem* untergeordnet, der das Weltall durchwaltet, gerade wie sich die guten Bürger dem Gesetz des Staates fügen. Wer aber ernsthaft an seiner Bildung arbeitet, der muß mit *der* Gesinnung an das Werk seiner Bildung herantreten: »Wie kann ich in jeder Hinsicht den Göttern folgen, und wie kann ich an dem göttlichen Walten Wohlgefallen haben, und wie werde ich wahrhaft frei?« Denn frei ist der, dem alles nach Willen geht und den niemand hindern kann. Wie nun? Ist Freiheit ein Wahnsinn? Nimmermehr. Denn Wahnsinn und Freiheit gehen nicht zusammen. »Aber ich will, daß alles geschieht, was mir in den Sinn kommt, mag mir in den Sinn kommen, was da will!« – Du bist von Sinnen; das ist Wahnsinn! Weißt du nicht, daß die Freiheit etwas Gutes und Wertvolles ist? Daß ich aber rein nach Laune und Zufall will, daß das, was mir rein nach Laune und Zufall eingefallen ist, wirklich geschieht, das scheint nicht nur nicht gut zu sein, sondern sogar von allem das Schimpflichste. Wie machen wir es denn beim Schreibunterricht? Will ich den Namen »Dion« so schreiben, wie es mir einfällt? Nein, sondern ich lerne wollen, wie man ihn schreiben muß. Und wie beim Musikunterricht? Ebenso. Und ist es nicht überhaupt so, wo es sich um eine

Kunst oder Wissenschaft handelt? Sonst hätte es ja keinen Wert, eine Kunst zu verstehen, wenn ihre Ausübung vom Belieben des einzelnen abhinge! Und da wäre mir allein beim Größten und Wichtigsten, der Freiheit, überlassen, so zu wollen, wie es der Zufall will? Nimmermehr, sondern *gebildet werden bedeutet: jedes einzelne so zu wollen, wie es wirklich geschieht.* Aber wie geschieht es? Wie es der angeordnet hat, der alles anordnet. Er hat es gefügt, daß es Sommer und Winter, Ernte und Mißernte, Tugend und Laster und alle solche Gegensätze zur Harmonie des Ganzen gibt, und hat einem jeden von uns den Leib und seine Glieder, Habe und Gefährten gegeben.

Diese Weltordnung müssen wir in Kopf und Herz haben, wenn wir darangehen, uns bilden zu lassen, nicht um die Grundlagen des Daseins zu ändern – denn das ist uns nicht vergönnt und wäre auch nicht besser –, sondern damit wir, wo die Welt, in der wir leben, so ist, wie sie ist, selber unseren eigenen Willen in Einklang mit dem Weltlauf bringen. Wie denn? Ist es möglich, den Menschen zu entfliehen? Wie sollte das möglich sein? Aber, wenn man mit ihnen zusammenlebt, sie zu ändern? Wer gäbe uns dazu die Möglichkeit? Was bleibt daher übrig oder welcher Weg läßt sich finden zum Leben mit ihnen? Nur der, daß sie tun, was ihnen gut dünkt, wir aber trotzdem im

Einklang mit der Allnatur leben. Du aber bist ein Schwächling und ein Nörgler, und wenn du einmal allein bist, jammerst du über deine Verlassenheit; bist du aber unter Menschen, nennst du sie heimtückisch und Räuber; du schimpfst ja auch auf deine eigenen Eltern, auf deine Kinder, Geschwister und Nachbarn! – – Man sollte vielmehr, wenn man einmal allein ist, das Ruhe und Freiheit nennen und sich den Göttern gleich dünken; wenn man aber mit vielen Menschen zusammen ist, nicht von »Pöbel« oder von »Radau« sprechen oder von »widerlich!«, sondern von festlichem Treiben, Volksbelustigung, und in solcher Gesinnung alles mit Wohlgefallen aufnehmen. Und die Strafe für die, die das nicht tun? Daß sie so sind, wie sie sind! Murrt jemand darüber, daß er allein ist? So soll er verlassen sein. Murrt einer über seine Eltern? So soll er ein schlechter Sohn sein und sich grämen. Und wer über seine Kinder murrt, soll ein schlechter Vater sein. »Wirf ihn ins Gefängnis!« – Was für ein Gefängnis? Ebenda, wo er jetzt ist. Denn er ist wider seinen Willen da; wo aber einer wider seinen Willen ist, der Aufenthalt bedeutet für ihn Gefängnis. Wie umgekehrt Sokrates nicht im Gefängnis war; denn er war freiwillig dort. »Daß ich auch ein verkrüppeltes Bein haben muß!« – Du Sklavenseele, da willst du wegen eines erbärmlichen Beins über die

Weltordnung schimpfen? Willst es nicht gern dem Weltall opfern? Willst nicht verzichten? Nicht freudig dem, der es gegeben hat, abtreten? Willst murren und nörgeln über das, was Zeus angeordnet hat, was er im Verein mit den Schicksalsgöttinnen, die dir den Lebensfaden spannen, bestimmt und gefügt hat? Weißt du nicht, welch winziger Teil du im Vergleich zum Weltganzen bist? D. h. was den sterblichen Leib angeht; denn dem Geist nach bist du nicht schlechter als die Götter und nicht kleiner. Denn des Geistes Größe wird nicht nach Länge und Breite gemessen, sondern nach Erkenntnissen.

Willst du also nicht da dein Glück suchen, worin du den Göttern gleich bist? »Ich Elender, solch einen Vater habe ich und solche Mutter!« – Wie? War dir etwa vergönnt, vorher ans Licht zu treten, eine Wahl zu treffen und zu dekretieren: »Der Mann dort soll sich mit der Frau da in dieser Stunde vermählen, damit *ich* erzeugt werde?« Das war nicht möglich. Es mußten doch vor dir deine Eltern da sein, und erst danach konntest du erzeugt werden. Von was für Eltern? Von ebensolchen, wie sie waren. Wie? Gibt es denn, wo sie so sind, keinen Ausweg für dich? Wenn du nicht wüßtest, wozu du dein Sehvermögen hast, dann wärest du unglücklich und elend, wenn du die Augen zumachtest, wenn dir die Farben nahe kämen; wo du aber nicht weißt, daß du die Fähigkeit zur Seelengröße und Tapferkeit gegenüber all solchen Widerwärtigkeiten hast, bist du da nicht viel unglücklicher und elender? Es treten die Dinge an dich heran, die der Seelenkraft entsprechen, die du hast. Du aber wendest diese gerade dann ab, wenn du sie offen und sehend halten solltest. Willst du nicht lieber den Göttern danken, daß sie dich oberhalb dessen gestellt haben, was sie nicht in deine Macht gaben, und daß sie dich nur für das verantwortlich machten, was in deiner Macht steht? Für deine Eltern haben sie dich frei von Verantwortung gelassen, frei von Verantwortung auch für Geschwister, Körper, Besitz, Leben und Tod. Wofür haben sie dir nun die Verantwortung auferlegt? Nur für das, was in deiner Macht steht, für den rechten Gebrauch deiner Vorstellungen. Warum halst du dir da noch das auf, wofür du keine Verantwortung hast? Das heißt ja sich selbst das Leben schwermachen! [I. 12]

Die Hauptsache nicht aus dem Auge verlieren

Das Wesentliche ist doch, daß man einer jeden Kunst ihre eigentümliche Bedeutung läßt und dann prüft, welchen Wert es hat, sie zu können, und daß man das Wichtigste auf der Welt begreift, und diesem bei allem, was man tut, nachjagt, dies mit größtem Ernst betreibt, dagegen alles andere im Vergleich hiermit als Nebensache behandelt; doch soll man auch diese nicht vernachlässigen, soweit das möglich ist. Man muß sich ja auch um seine Augen kümmern, doch nicht so, als ob sie die Hauptsache wären, sondern auch um sie wegen der Hauptsache: weil sich diese* sonst nicht ihrer Natur entsprechend entfalten kann, falls sie nicht hierin** mit Überlegung handelt und das eine vor dem andern auswählt.

Was bedeutet nun solche Handlungsweise***? Es ist gerade, wie wenn jemand, der auf der Heimreise in sein Vaterland an einem hübschen Gasthause vorbeikommt, das ihm gefällt, nun in diesem Gasthause dauernd bleiben will. Mensch, du hast ja dein Ziel ganz vergessen! Du wolltest doch nicht in das Gasthaus reisen, sondern an ihm vorbei! »Aber es ist doch so hübsch hier!« – Wie viele andere Gasthäuser sind ebenfalls hübsch, wie viele Wiesen! Doch offenbar

---

* Die Vernunfterkenntnis.

** Im Bereich der »Nebensache«, hier: beim Sehen.

*** D. h. jener Jünger der Philosophie, die, durch die für diese propädeutischen Wissenschaften gefesselt, die Philosophie selbst vergessen und in jenen steckenbleiben.

nur als Durchgangspunkt! Dein Ziel war aber doch, in dein Vaterland heimzukehren, deine Angehörigen von der Sorge um dich zu befreien und selber zu Hause deine Bürgerpflichten zu erfüllen: dich zu verheiraten, eine Familie zu gründen und die üblichen öffentlichen Ämter zu übernehmen; du bist doch nicht gekommen, um die hübschen Gegenden für uns auszukundschaften, sondern um in dem Lande, wo du geboren bist und als dessen Bürger du eingetragen bist, zu leben und zu wirken. – Eben ein solcher Fall liegt hier vor: da man nur durch die Wissenschaft und die ihr entsprechende Lehre zum Ziel gelangen, sein eigenes Wollen läutern und die Fähigkeit zum Gebrauch unserer Vorstellungen richtig ausbilden kann und da es notwendig ist, daß die Überlieferung der Lehren in einer bestimmten Form der Rede mit einer gewissen Mannigfaltigkeit des Stoffes und einem gewissen Scharfsinn in der Behandlung der Probleme erfolgt, so kommt es, daß mancher, von ebendiesen Dingen gefesselt, dauernd hierbei stehenbleibt, der eine von der Form der Rede, der andere von den logischen Schlüssen angezogen, ein dritter von gewissen dialektischen Feinheiten, ein vierter von irgendeinem andern »Gasthaus« der Art, und, einmal hängengeblieben, verkommt, wie bei den Sirenen.

Mensch, dein Ziel war doch, dich zu einem Manne zu bilden, der die auf ihn eindringenden Vorstellungen gemäß der Natur zu gebrauchen vermag, der beim Begehren sein Ziel nicht verfehlt, beim Meiden nicht dem zu Meidenden verfällt, niemals Mißgeschick hat oder Unglück, der frei, unhemmbar, unüberwindlich ist, der in seinem Herzen mit der Weltregierung des Zeus übereinstimmt, ihr gehorcht, an ihr sein Wohlgefallen hat, niemanden tadelt, niemanden beschuldigt und aus tiefster Seele die Worte zu sprechen vermag:
»Zeus, führe du mich, und Verhängnis, du zugleich«,[13] – und da willst du, wo du dir dies Ziel gesteckt hast, wenn dir der pikante Ausdruck eines Redekünstlers oder gewisse Lehrsätze der Logik gefallen, dabei stehenbleiben und dich ansiedeln, während du die Heimat vergißt, und sagst noch: »Das ist mal hübsch hier!« – Wer sagt denn, daß es nicht hübsch wäre? Aber doch nur als Durchgangspunkt, als Gasthaus! Was hindert denn, daß man reden kann wie Demosthenes und doch todunglücklich ist? Daß man Trugschlüsse auflösen kann wie Chrysipp und doch unglückselig ist, voll Gram, voll Neid, kurz, daß man keinen inneren Frieden hat und von einem bösen Geist besessen ist? – »Nichts.« – Siehst du nun ein, daß jene Dinge Gasthäuser waren, ohne

jeden Wert, während das wahre Ziel ein ganz anderes ist?

Wenn ich solche Gedanken vor gewissen Leuten äußere, dann meinen sie, daß ich das Studium der Redekunst oder der Logik herunterreißen will. Ich aber denke gar nicht daran, sondern verwerfe nur, wenn einer dauernd bei diesen Wissenschaften stehenbleibt und hierauf all seine Hoffnungen setzt. Wenn jemand, der diesen Standpunkt vertritt, seine Zuhörer schädigt, dann betrachte auch mich als einen solchen Schädling. Ich vermag aber nicht, wenn ich etwas als das Beste und allein Maßgebende erkenne, an seiner Statt etwas anderes dafür auszugeben, nur, um euch zu gefallen. [II. 23]

Wie man gegen seine Vorstellungen ankämpfen muß

Jeder Zustand und jede Fähigkeit (einer Person oder Sache) werden durch die ihnen entsprechende Betätigung erhalten und gefördert: die Fähigkeit zu gehen durch Gehen, die zu laufen durch Laufen. Wenn du geschickt im Vorlesen sein willst, übe dich im Vorlesen; wenn in schriftlicher Darstellung, so übe diese. Wenn du aber dreißig Tage hintereinander nicht vorliest, sondern etwas anderes treibst, so wirst du schon merken, was mit dir vorgegangen ist. Und ebenso, wenn du zehn Tage zu Bett gelegen hast und dann versuchst, eben wieder aufgestanden, einen längeren Weg zu machen, dann wirst du schon fühlen, wie kraftlos deine Beine geworden sind. Überhaupt, wenn du etwas tun willst, was eine Eigenschaft beeinflußt, so tu es; wenn du aber keine Lust dazu hast, laß es und gewöhne dich, statt dessen lieber etwas anderes zu treiben. So auch in seelischen Dingen! Wenn du in Zorn gerätst, so wisse, daß dir nicht allein dies Übel widerfahren ist, sondern daß du auch die Neigung hierzu gefördert und gleichsam dem Feuer Nahrung zugeführt hast. Wenn du dich von jemandem im Verkehr hast verführen lassen, so rechne nicht nur mit der einen Niederlage, sondern auch mit der Tatsache, daß du dadurch deinen Mangel an Selbstzucht genährt und gesteigert hast. Denn unweigerlich müssen durch entsprechende Betätigungen auch Eigenschaften und Fähigkeiten teils sich neu entwickeln, teils gesteigert und verstärkt werden.

So bilden sich auch, wie die Philosophen sagen, die sittlichen Gebrechen der Menschen ganz allmählich heraus. Denn wenn du *ein*mal das Verlangen nach Geld hast, dann pflegt, falls du dir Rechenschaft darüber gibst und so zur Erkenntnis des Übels kommst, die Begierde zu erlöschen, und deine Seele kommt wieder in ihren alten Zustand; wenn du aber nichts tust, um sie zu heilen, kehrt sie nicht wieder in ihre ursprüngliche Verfassung zurück, sondern sie wird, falls sie wieder einmal von der entsprechenden Vorstellung gereizt wird, schneller als zuvor zur Begierde entflammt. Und wenn dies dauernd geschieht, wird sie im Laufe der Zeit abgestumpft, und dies Gebrechen verstärkt die Geldgier. Denn wer Fieber gehabt hat, der ist, auch wenn ihn das Fieber wieder verlassen hat, nicht in demselben Zustande wie vor dem Fieber, falls er nicht gründlich geheilt ist. Ganz ähnlich ist der Vorgang bei den leidenschaftlichen Erregungen der menschlichen Seele. Es bleiben in ihr gewisse Spuren und Striemen zurück, und wenn einer diese nicht völlig beseitigt, bekommt er, wenn er von der Geißel wieder auf dieselbe Stelle getroffen wird, nicht mehr Striemen, sondern offene Wunden, die eitern. Wenn du also nicht jähzornig sein willst, dann darfst du den Hang dazu nicht nähren, ihm nichts zuführen, was ihn fördert. Halte dich einmal einen Tag im Zaume und zähle dann die Tage, wo du nicht zornig wurdest. Ich war gewohnt, täglich in Zorn zu geraten, dann einen um den andern Tag, dann alle drei, dann alle vier Tage. Wenn du aber gar dreißig Tage nicht in Zorn gerätst, dann bring der Gottheit ein Dankopfer dar. Denn zuerst wird der Hang zur Sünde geschwächt und schließlich gänzlich ausgerottet. »Den einen Tag ärgerte ich mich nicht, auch den andern nicht und so zwei, drei Monate lang nicht; doch war ich auf der Hut, wenn gewisse Versuchungen an mich herantraten.« – Dann wisse, daß du auf dem richtigen Wege bist! »Als ich heute einen schönen Knaben oder ein schönes Mädchen sah, sagte ich nicht zu mir: ›Wer doch bei der schlafen könnte!‹ oder ›Glücklich der Mann, der sie zum Weibe hat!‹« Denn wer hier das Wort »glücklich« sagt, ist auch der Ehebrecher. Ich male mir auch nicht das Weitere aus, daß sie bei mir wäre, sich auszöge und zu mir legte. Ich streichele mein Haupt und sage zu mir: ›Brav, Epiktet; du hast eine knifflige Aufgabe gelöst, weit kniffliger als den »Beherrschenden«[14]; wenn ich aber auch dann, wenn das Frauenzimmer geneigt ist, mir zunickt und nach mir schickt, wenn sie mir nahe ist und mich berührt – wenn ich mich selbst dann enthalte und der Versuchung widerstehe, dies Meisterstück geht noch über den »Lügner«, über den »Ruhigen«. – – Darauf darf man mit Grund stolz sein, nicht aber, wenn man den Satz vom »Beherrschenden« dialektisch entwickeln kann.

Doch wie kann man es dahin bringen? Wolle einmal dir selbst gefallen, wolle vor Gott gut erscheinen.

Trachte danach, lauter und rein mit dir selbst als reinem Menschen zu werden und in Gemeinschaft mit der Gottheit. Wenn dich dann eine solche Vorstellung anficht, dann, sagt Platon[15], geh zu den Sühneopfern, geh zu den Heiligtümern der unheilabwendenden Götter als Schutzflehender. Es genügt auch, wenn du in die Gesellschaft der guten und tüchtigen Männer flüchtest und ihre Haltung in solcher Lage mit der deinen vergleichst, falls du einen solchen Mann weißt, unter den Lebenden oder unter den Abgeschiedenen. Nimm deine Zuflucht zu Sokrates und sieh, wie er mit Alkibiades zusammenliegt und ihn in seiner Jugendschönheit zum besten hat. Vergegenwärtige dir, wie er sich einst bewußt ward, welch köstlichen Sieg er errungen habe, welch wunderbaren Olympiapreis, der wievielte nächst Herakles er geworden sei, so daß man ihn – bei den Göttern! – mit Recht begrüßen kann: »Heil dir, du Wunderbarer«, nicht aber diese anrüchigen Faustkämpfer und Athleten oder ihresgleichen, die Gladiatoren! – – Wenn du das deiner Lage gegenüberstellst, wirst du die Anfechtung überwinden und nicht von ihr verführt werden. Die Hauptsache aber ist, daß du dich nicht gleich von ihr hinreißen läßt, sondern sprichst: »Warte einen Augenblick auf mich, Versuchung; laß sehen, wer du bist und worum es sich handelt, laß dich einmal mustern!«

Und dann gestatte ihr nicht, Gelände zu gewinnen, indem sie das Weitere ausmalt. Sonst hat sie dich bald da, wo sie will. – – Führe vielmehr statt ihrer eine andere, schöne und edle Vorstellung in deine Seele und wirf jene schmutzige hinaus! Und wenn du dich erst gewöhnt hast, dich so zu üben, dann sollst du einmal sehen, was für Schultern du bekommst, was für Sehnen und Muskeln! Doch jetzt treibst du nur Wortgefechte und weiter nichts. – –

Das ist der Ringer im Geist und in der Wahrheit, der sich gegen solche Anfechtungen übt. Halte stand, Elender, laß dich nicht unterkriegen! Groß ist der Kampf, göttlich das Vollbringen: für wahres Königtum, für Freiheit, Wohlfahrt und Frieden der Seele. Denk an Gott; ihn ruf als Helfer und Mitkämpfer herbei, wie die Schiffer im Sturm die Dioskuren! Welch ärgeren Sturm gäbe es wohl als jenen, den schwere Anfechtungen erregen, die das vernünftige Denken aus der Seele verjagen! Denn der Sturm selbst, was ist er anderes als eine Anfechtung? Du brauchst ja bloß die Todesfurcht abzulegen, dann mag es soviel donnern und blitzen, wie es will: du wirst alsbald inne werden, welche Meeresstille und Heiterkeit in deiner Seele herrscht. Wenn du dich aber einmal hast unterkriegen lassen und dann zu dir sagst: »Ein andermal werde ich siegen«, und das nächste Mal wieder so, dann kannst du überzeugt sein, daß du schließlich in einen solchen Zustand von Krankheit und Schwäche verfällst, daß dir später nicht einmal mehr zum Bewußtsein kommt, daß du sündigst; ja, du wirst sogar anfangen, nach Beschönigungen deines Treibens zu suchen. Und so wirst du nur die Wahrheit des hesiodischen Wortes[16] bestätigen:

»Ewig ringet der Mann, der aufschiebt, mit seinem Verderben.« [II. 18]

Wie man gegen die »Umstände« kämpfen muß

Die widrigen Umstände sind es, die den Mann zeigen. Wenn künftig ein solcher Umstand eintritt, dann denke daran, daß Gott dir wie ein Ringmeister einen starken Partner gegenübergestellt hat. – Wozu? sagt man. – Damit du Sieger in Olympia wirst! Ohne Schweiß wird man das nicht. Mir scheint, niemand hat ein schwereres Hindernis zu überwinden gehabt als du, falls du, wie ein Athlet seinen jungen starken Gegner, die Sache anpacken willst. Und jetzt wollen wir nach Rom einen Kundschafter senden. Aber niemand schickt einen Feigling als Kundschafter aus, damit er, wenn er nur ein Geräusch hört und irgendwo einen Schatten auftauchen sieht, voller Angst herbeigerannt kommt und schreit, die Feinde wären schon da! Gerade so steht die Sache jetzt: Wenn du kommst und meldest: »Furchtbar ist die Lage in Rom; etwas Schreckliches ist der Tod, schrecklich Verbannung, Beschimpfung und Armut; flieht, Leute, die Feinde sind schon da!« Dann werden wir dir antworten: »Scher dich fort, prophezeie dir selbst; wir haben nur *den* Fehler gemacht, daß wir einen so jämmerlichen Kundschafter losgeschickt haben!«

Vor dir war Diogenes als Kundschafter ausgesandt; der hat uns andere Dinge gemeldet. Der sagt, daß der Tod kein Übel ist, weil er keine Schande ist. Er sagt, daß der Ruhm nur Geschwätz rasender Menschen ist. Welch herrliche Dinge hat uns dieser Kundschafter über die Mühsal, über die Lust, über die Armut gemeldet! Nackt gehen, sagt er, sei besser als jedes Purpurgewand und auf dem bloßen Erdboden schlafen das weichste Bett. Und als Beweis für die Wahrheit seiner Worte zeigt er sein Selbstvertrauen, seine Seelenruhe, seine Freiheit und seinen von Gesundheit strahlenden, strammen Körper. »Kein Feind ist in der Nähe«, sagt er. »Alles atmet Frieden.« – Wieso, Diogenes? »Sieh her«, sagt er, »bin ich etwa getroffen, verwundet oder vor jemandem ausgerissen?« – – Das

ist ein Kundschafter, wie er sein soll; du aber kommst zurückgerannt und meldest bald dies, bald das! Willst du nicht nochmals losgehen und schärfer zusehen, ohne daß dir Feigheit den Blick trübt?
»Was soll ich nun tun?« – Was tust du, wenn du von Bord an Land gehst? Nimmst du etwa das Steuer oder die Ruder mit? Was nimmst du denn mit? Doch *deine* Sachen, die Ölflasche, den Ranzen. Auch jetzt wirst du, wenn du daran denkst, was dir gehört, unter keinen Umständen auf fremdes Eigentum Anspruch machen. Sagt er zu dir: »Leg die mit dem breiten Saum[17] ab!«, trägst du die mit dem schmalen. »Leg auch die ab!« Dann trägst du nur den Überwurf. »Leg den Überwurf ab!« Dann gehst du nackt. »Aber du erregst meinen Neid!« So nimm den ganzen Körper! – Wem ich meinen Körper hinschmeißen kann, vor dem soll ich noch Angst haben? – »Aber er wird mich nicht als Erben einsetzen!« Wieso? Habe ich vergessen, daß nichts von diesen Dingen mein war? Wie können wir da sagen, es gehörte mir? Doch nur so wie das Bett im Wirtshaus. Wenn der Wirt stirbt und vermacht dir die Betten, gut; wenn er sie aber einem anderen vererbt, kriegt sie der, und du mußt dich nach einem andern Bett umsehen. Und wenn du keins findest, machst du dir dein Lager auf bloßer Erde, voll guten Mutes; schläfst ohne Sorgen und vergißt nie, *daß gerade das*

Leben der reichen Leute, der Könige und Tyrannen für die Tragödien Stoff bietet, daß aber kein Armer in der Tragödie mitspielt, es sei denn als Statist. Die Könige aber treten zuerst im Glück auf: »Bekränzt den Palast!« Aber dann, im dritten oder vierten Akt:

»O Gott, Kithairon, was nahmst du mich auf?«[18] – Du Sklave, wo sind nun die Kränze, wo dein Diadem? Und was nützen dir nun deine Trabanten? – – Wenn du also einem Mann aus diesen Kreisen begegnest, dann denk daran, daß du einem Tragöden begegnest, nicht etwa dem Schauspieler, sondern dem Ödipus selbst! »Aber der da ist glücklich. Geht er doch mit großem Gefolge einher!« Auch ich schließe mich der Menge an und gehe mit großem Gefolge herum. Die Hauptsache aber: denk daran, daß die Tür offen steht. Zeig dich nicht feiger als die Kinder, sondern mach es wie diese: wenn ihnen die Sache keinen Spaß mehr macht, sagen sie: »Ich spiele nicht mehr mit!« So handele auch du, wenn dir die Verhältnisse danach zu sein scheinen, und scheide mit den Worten: »Ich spiele nicht mehr mit«; bleibst du aber, dann klage nicht! [I. 24]

Von der Achtsamkeit auf sich selbst

Wenn du nur auf kurze Zeit in deiner Achtsamkeit nachläßt, dann darfst du dir nicht einbilden, daß du sie, sobald du nur willst, wieder aufnehmen kannst, sondern das mußt du dir gegenwärtig halten, daß infolge des einmal Versäumten die Lage für dich überhaupt unweigerlich schlechter geworden ist. Denn erstens entwickelt sich in dir die schlimmste von allen Gewohnheiten, nicht achtzugeben, und dann die Gewohnheit, deine Achtsamkeit aufzuschieben. So gewöhnst du dich, Wohlfahrt, Wohlverhalten, ein Leben im Einklang mit der Natur immer wieder auf ein andermal zu verschieben. Wenn nun solcher Aufschub nützlich ist, dann ist es noch nützlicher, die Achtsamkeit vollständig aufzugeben. Wenn er aber nicht von Nutzen ist, weshalb bewahrst du sie nicht dauernd? – »Heute will ich spielen!« – Warum nicht, indem du dabei auf dich achtgibst? – »Singen!« – Was hindert dich, dabei achtzugeben? Es ist doch nicht irgendein Gebiet des menschlichen Lebens ausgenommen, auf das sich die Achtsamkeit nicht erstreckt? Das du schädigst, wenn du achtgibst, förderst, wenn du nicht achtgibst? Und was wird sonst im Leben besser von denen gemacht, die nicht achtgeben? Baut etwa der Baumeister, der nicht achtgibt, solider, oder lenkt der Steuermann, der nicht achtgibt, das Schiff sicherer? Oder wird irgendeine andere geringere Arbeit durch Unachtsamkeit besser ausgeführt? Begreifst du nicht, daß, wenn du die Achtsamkeit fahrenläßt, es dann nicht mehr in deiner Macht steht, sie zurückzurufen, um anständig, sittsam und bescheiden zu sein? Sondern du tust alles, was dir gerade einfällt, gibst jeder Regung nach.

Worauf muß ich denn achtgeben? Vor allem auf die allgemeinen Grundsätze (des sittlichen Lebens), sie stets gegenwärtig haben und ohne sie weder schlafen noch aufstehen, weder essen noch trinken noch mit den Menschen verkehren: *daß über die Seele eines andern niemand Herr ist und daß allein in der Seele Gut und Böse beschlossen liegen.* Niemand hat daher die Macht, mir ein wirkliches Gut zu verschaffen oder mich in ein Unglück zu stürzen, sondern ich allein habe in dieser Hinsicht die Macht über mich. Wenn also dies Reich für mich vor jeder Gefahr sicher ist, was brauche ich mich da um das äußere Geschehen zu bekümmern? Welcher Tyrann könnte mich bange machen, welche Krankheit oder Armut, welche Mißhelligkeit? – »Aber ich habe dem Herrn Soundso nicht gefallen.« – Was jener tut oder läßt, ist doch nicht mein Werk, mein Urteil? – Nein. – Was braucht es mich also zu kümmern? – »Aber er scheint von Einfluß zu sein!« – Da mag er selbst zusehen und wer es glauben mag; *ich* aber weiß, wem ich gefallen muß, wem mich fügen, wem gehorchen: Gott und nach ihm (Männern wie Sokrates und Diogenes). Mich hat er mir selbst anvertraut und meine Seele mir allein unterstellt; er hat mir Maßstäbe zu ihrem richtigen Handeln gegeben; wenn ich diesen folge, kümmere ich mich bei logischen Schlüssen um keinen von denen, die anderes behaupten, und ebenso bei den »Umschlagenden«[19] um niemand anders. Warum ärgern mich nun die Tadler bei wichtigeren Fragen? Was ist der Grund solcher Beunruhigung? Kein anderer als der, daß ich auf diesem Felde ungeübt bin. Verachtet doch jede Wissenschaft die Unwissenheit und die Unwissenden, und nicht nur die Wissenschaften, sondern auch die Künste und Gewerbe tun das. Nimm irgendeinen beliebigen Schuster: er lacht über die Menge, was seine Arbeit angeht, und ebenso jeder Zimmermann.

Zuerst also muß man diese Sätze gegenwärtig haben und nichts ohne sie tun, sondern seine Seele auf dies Ziel gerichtet halten, keinem der äußeren Dinge nachjagen, keinem, was uns nicht gehört, sondern so, wie es der angeordnet hat, der die Macht hat: den Zielen im Bereiche unseres Wollens unser Leben lang, die andern Dinge dagegen so gebrauchen, wie sie uns vergönnt sind. Und dann uns bewußt sein, wer wir sind und welcher Name uns zukommt, und danach trachten, im Hinblick auf die Bedeutungen unserer Beziehungen zu andern Menschen unsere Pflichten festzustellen; welches der richtige Zeitpunkt zum Singen ist, zum Spielen, was für Leute dabeisein dürfen; welche Folgen unsere Handlungsweise hat, damit uns weder die Anwesenden noch wir selbst verachten. Wann es angebracht ist, zu spotten, was für Leute wir verlachen, unter welcher Voraussetzung wir mit anderen Menschen verkehren müssen und mit wem und ferner: wie man beim Verkehr mit andern seinen Charakter bewahrt. Wo du aber von einer dieser Regeln abweichst, da folgt die Strafe auf dem Fuße, nicht von irgendeiner äußeren Seite, sondern aus deinem Tun selbst.

Wie steht es nun? Ist es möglich, bereits ohne Fehler zu sein? Unmöglich; aber das ist möglich, dauernd danach zu trachten, nicht zu fehlen. Denn wir müssen zufrieden sein, wenn wir, niemals in solcher Achtsamkeit ermattend, wenigstens von einigen Fehlern frei werden. Wenn du aber sagst: »Von morgen an werde ich achtgeben«, dann wisse, daß du damit sagst: »Heute werde ich schamlos, taktlos, unterwürfig sein; von andern wird es abhängen, mich zu kränken; heute werde ich in Zorn geraten, von Neid verzehrt werden.« – Da sieh, welch schwere Übel du dir selbst zuerkennst. Aber wenn es dir morgen wohl ansteht, um wieviel besser ist es, du tust es schon heute! Und wenn es dir morgen förderlich ist, so noch viel mehr heute, damit du auch morgen die Kraft dazu hast und es nicht wieder auf übermorgen verschiebst. [IV. 12]

Wie man aufgrund der Benennungen seine Pflichten finden kann

Bedenke, wer du bist. Zuerst ein Mensch, d. h. du hast nichts Stärkeres als deine Seele, der alles andere untergeordnet ist, während sie selbst nicht zu knechten noch zu unterwerfen ist. Überlege nur, von was für Wesen du durch deine Vernunftbegabung unterschieden bist: von den wilden wie von den zahmen Tieren. Außerdem bist du Bürger des Weltstaates und ein Teil von ihm, nicht einer von den untergeordneten, sondern einer der wesentlichen, die um ihrer selbst willen da sind. Denn du vermagst mit deinem Geiste der göttlichen Weltregierung zu folgen und alles, was damit zusammenhängt, zu überdenken. Was ist nun die Pflicht eines Bürgers? Keinen persönlichen Vorteil zu suchen, über keine Sache Pläne zu fassen, als wäre er ein Wesen für sich ganz allein, sondern gerade so, wie die Hand oder der Fuß, wenn sie denken könnten und die natürliche Einrichtung (des ganzen Körpers) zu begreifen vermöchten, nie unter anderem Gesichtspunkt wollen oder begehren würden als mit Rücksicht auf das Ganze. Daher sagen die Philosophen treffend: wenn der gute und tüchtige Mann die Zukunft wüßte, würde er auch bei seiner Krankheit, seinem Tode oder seiner Verstümmelung mitwirken, in der Erkenntnis, daß ihm dies von der Regierung des Weltganzen zugeteilt wird; daß aber das Ganze wichtiger ist als der Teil und die Stadt als der einzelne Bürger. Jetzt aber, wo wir die Zukunft nicht im voraus erkennen, ist es Pflicht, sich an die Auswahl Begabterer zu halten, weil wir auch hierzu bestimmt sind.

Hiernach denke daran, daß du *Sohn* bist. Was ist die Aufgabe eines Sohnes? Alle Angelegenheiten des Vaters für seine eigenen halten, ihm in allem gehorchen, ihn niemals vor anderen schlecht machen oder etwas sagen oder tun, was ihm schaden könnte; in allen Dingen vor ihm zurücktreten, ihm Platz machen, ihm nach Kräften helfen.

Dann denke daran, daß du auch *Bruder* bist. Auch in Rücksicht auf diese Rolle bist du zur Nachgiebigkeit verpflichtet, zur Willfährigkeit, zu freundlicher

Rede, darfst niemals ihm gegenüber Anspruch machen auf eins von den Dingen, die nicht in unserer Macht stehen, sondern mußt sie ihm freudig überlassen, damit du in seelischen Dingen etwas vorausbast. Bedenke doch, welcher Gewinn es ist, anstatt eines Lattichs, wenn es der Zufall so will, und eines Sessels selber ein gütiges Wesen zu erwerben. – Dann denk daran, wenn du Ratsherr einer Stadt bist, daß du Ratsherr, wenn jung, daß du jung, wenn alt, daß du alt, wenn Vater, daß du Vater bist. Denn stets umschreibt ein jeder solcher Name, wenn man darüber nachdenkt, die ihm eigentümlichen Pflichten. Wenn du aber hingehst und schwärzest deinen Bruder an, dann sage ich dir: Du hast vergessen, wer du bist und welchen Namen du trägst! Wenn du ein Schmied wärest und den Hammer verkehrt gebrauchtest, dann hättest du den Schmied vergessen; wenn du aber den Bruder vergißt und aus dem Bruder zum Feinde wirst, glaubst du da wirklich, nichts für nichts eingetauscht zu haben? Wenn du aber statt eines Menschen, eines gesitteten und zur Gemeinschaft bestimmten Wesens, ein schädliches, heimtückisches, bissiges Tier geworden bist, hast du da nichts verloren? Oder mußt du durchaus Geld verlieren, um einen Schaden zu erleiden? Schädigt denn der Verlust von nichts anderem den Menschen? Und wenn du die Kenntnis der

Schreibkunst oder der Musik verloren hättest, würdest du ihren Verlust als einen Schaden betrachten; wenn du aber Sittsamkeit, würdige Haltung und Sanftmut verlierst, hältst du das für bedeutungslos? Jene Dinge aber verliert man infolge irgendeiner äußeren und ungewollten Ursache, diese Eigenschaften dagegen durch eigene Schuld. Und es ist weder rühmlich, jene Künste zu besitzen, noch schimpflich, sie zu verlieren; diese Eigenschaften aber nicht zu haben wie auch, sie zu verlieren, ist schimpflich, schmachvoll und ein wirkliches Unglück. Was verliert denn der Mensch, der sich widernatürlicher Lust hingibt? Den Mann. Und der andere, der ihn zum Werkzeug seiner Lust macht? Vieles andere und gleichwohl ebenfalls den Mann. Was verliert der Ehebrecher? Den ehrbaren, züchtigen, anständigen Mann, den Bürger und den Nachbarn. Was verliert der Jähzornige? Etwas anderes. Der sich Fürchtende? Etwas anderes. *Kein Mensch ist schlecht, ohne dafür Verlust und Strafe zu erleiden.* – – Übrigens, wenn du nur den Verlust an Geld als Verlust ansiehst, dann sind all diese Leute ohne Schaden und Strafe, wenn es der Zufall so will, und haben noch Nutzen und Gewinn, wenn ihnen durch eine dieser Handlungen Geld zuströmt. Bedenke, wenn du alles auf das Geld beziehst, daß nach deinem Standpunkt nicht einmal der, der seine Nase verliert, geschädigt wird! – Doch, sagt man, denn sein Körper ist ja verstümmelt! – Ferner, wer den Geruchssinn selbst verliert, verliert der nichts? Gibt es nun kein Vermögen der Seele, dessen Besitz uns nützt, dessen Verlust uns schadet? – Was für eins meinst du? – Haben wir von Natur kein Schamgefühl? – Doch! – Und wird der, der dies verliert, nicht gestraft, keines Besitzes beraubt, und verliert er nichts von dem, was zu ihm gehört? Besitzen wir nicht von Natur etwas wie Treue, Liebe, Hilfsbereitschaft und Geduld gegeneinander? Wer sich also an diesen Eigenschaften strafen läßt, der sollte ohne Schaden und Strafe sein?

Wie? Soll ich dem nicht schaden, der mir schadet? – Erstlich überlege, was schaden heißt, und denk an das, was du von den Philosophen gehört hast. Denn wenn Gut und Böse in der Seele beschlossen liegen, dann überlege, ob deine Behauptung etwa darauf hinauskommt: »Wie, wo jener sich selbst geschadet hat, indem er gegen mich ein Unrecht beging, da will ich mir doch nicht selber schaden, indem ich gegen ihn ein Unrecht begehe?« Wie kommt es, daß wir diesen Gedanken nicht haben? Aber wo Körper oder äußerer Besitz einen Nachteil erleiden, da ist der Schade. Wo aber ein solcher die Seele trifft, da ist kein Schade? Wer getäuscht ist oder unrecht getan hat, der hat ja weder Kopfweh noch verliert er sein Auge, seine Hüfte oder sein Ackerland. Wir aber wollen nichts anderes als dies. Ob aber unser Charakter sittlich und zuverlässig oder schamlos und unzuverlässig ist, darüber streiten wir uns überhaupt nicht; nur in der Philosophenschule, bis zum hohlen Wortgefecht. Daher machen wir bis zum Wortgefecht Fortschritte, sonst überhaupt nicht. [II. 10]

Daß man von allem äußeren Geschehen Nutzen haben kann

Bei den theoretischen Vorstellungen* haben fast alle Philosophen das Gute und das Böse in uns gelassen und nicht in den äußeren Dingen. Niemand behauptet, daß es an sich etwas Gutes wäre, daß es Tag ist, oder etwas Schlechtes, daß es Nacht ist, oder daß das größte der Übel wäre, daß drei gleich vier sei. Was denn aber? Daß Wissen ein Gut, Täuschung ein Übel ist, so daß sogar hinsichtlich der Lüge selbst ein Gutes entstehen kann, eben die Erkenntnis, daß sie eine Lüge ist. So sollte es auch hinsichtlich der Vorstellungen im praktischen Leben

---

* D. h. den rein logischen und den mathematischen.

sein. Ist etwa Gesundheit ein Gut, Krankheit ein Übel? – Nein, Mensch. Was denn aber? Von seiner Gesundheit einen guten Gebrauch zu machen ist ein Gut, sie zu mißbrauchen ein Übel. – »Dann könnte man also auch von einer Krankheit Nutzen haben?« – Gottes Donner, vom Tode vielleicht nicht? Davon, daß man ein Krüppel ist, vielleicht nicht? Scheint dir etwa Menoikeus[20] durch seinen Tod geringen Nutzen gehabt zu haben? Wenn doch jemand, der so etwas behauptete, einen solchen Nutzen davon hätte wie jener von seinem Tode! Menschenskind, behauptete er so nicht den Charakter des Patrioten, des hochgemuten, zuverlässigen, tapferen Mannes? Hätte er nicht, falls er am Leben geblieben wäre, all diese Tugenden verloren? Und nicht ihr Gegenteil erworben? Hätte er sich dadurch nicht als feige und unmännlich erwiesen, als ein Feind seines Vaterlandes, als einer, der das Leben mehr liebt als die Tugend? Scheint er dir wirklich nur geringen Nutzen von seinem Tode gehabt zu haben? Nein. Oder hatte etwa der Vater des Admetos großen Nutzen davon, daß er eine Verlängerung seines Lebens auf so schmähliche und elende Weise erreichte? Brauchte er etwa darum später nicht zu sterben? Gottes Donner, hört endlich auf, die äußeren Dinge zu bewundern, hört auf, euch zu Sklaven zu machen, erst zu solchen der Dinge und dann um ihretwillen auch der Menschen, die die Macht haben, euch jene zu verschaffen oder zu nehmen.

»Man kann also von solchen Dingen* Nutzen haben?« – Von allen Dingen. – »Auch von einem Menschen, der uns beschimpft?« – Was nützt dem Athleten derjenige, der ihn für den Wettkampf einübt? Gar viel! – Auch jener Mensch wird an mir zum Werkzeug der Übung: in der Geduld, in der Ausrottung des Zornes, in der Sanftmut. Doch nein! Sondern jener, der mich am Hals packt, mir Hüfte und Schultern wieder einrenkt, der ist mir nützlich, und der Ringmeister tut ein gutes Werk an mir, wenn er sagt: »Heb die Keule mit beiden Händen!« Und je schwerer sie ist, um so mehr Nutzen habe ich davon; wenn mich aber jemand zur Ausrottung des Zornes einübt, der sollte mir nicht nützen? Das hieße ja nicht wissen, aus dem Verhalten seiner Mitmenschen Nutzen zu ziehen! – – Ein böser Nachbar? Doch nur sich selbst; aber mir ein guter! Übt er mich doch in der Gelassenheit und Nachgiebigkeit. Ein schlechter Vater? Doch nur sich selbst, aber mir zum Heil! Das ist der Zauberstab des Hermes: »Berühre damit, was du willst, und es wird zu Gold!« Nein, aber bring mir, was du willst,

* Wie Krankheit und Tod.

und ich werde es zum Guten zu wenden wissen. Bring Krankheit, Not und Tod, Beschimpfung und peinliches Gericht über Leben und Sterben: all das wird durch den Zauberstab des Hermes zum Heil ausschlagen. »Doch was wirst du aus dem Tode machen?« Was kann er anderes, als daß er dich verherrlicht oder daß du dank ihm durch die Tat zeigen kannst, was ein Mensch ist, der dem Willen der Natur folgt. »Was wirst du aus der Krankheit machen?« Ich werde ihre Natur offenbaren, mich in ihr auszeichnen, guten Mutes und wohlauf sein, dem Arzt nicht schmeicheln und den Tod nicht herbeiwünschen. Was verlangst du noch mehr? Alles, was du gibst, werde ich zu einer Quelle des Glücks, der Gottseligkeit, würdevoller Haltung und Nacheiferung machen.

Nein. Aber »nimm dich in acht, daß du nicht krank wirst!« – Wie wenn jemand sagte: »Hüte dich, daß du dir vorstellst, daß 3 = 4 ist; es ist vom Übel.« – Wieso vom Übel, Mensch? Wenn ich darüber das Richtige denke, wie kann es mir dann noch schaden? Wird es mir nicht vielmehr zum Segen sein? Wenn ich also über Armut, Krankheit und Anarchie die richtige Ansicht habe, soll mir das nicht genügen? Nicht zum Segen sein? Was brauche ich da noch in den äußeren Dingen Böses und Gutes zu suchen? – – Doch wie geht es? Das ist so weit alles gut und schön (heißt es); aber zu sich nach Hause nimmt es keiner mit, sondern gleich ist wieder der Zank da, mit dem Sklaven, mit dem Nachbarn, mit Leuten, die über uns spotten oder lachen. Darum danke ich dem Lesbier, daß er mich täglich überführt, daß ich nichts weiß. [III. 20]

Wie man sich zu den Tyrannen stellen soll

Wer immer irgendwie einen Vorrang vor andern besitzt oder doch zu besitzen glaubt, ohne daß es wirklich der Fall ist, der muß unvermeidlich, falls er ein ungebildeter Mensch ist, stolz darauf sein. Gleich sagt der Tyrann: »*Ich* bin von allen der mächtigste!« – Und was kannst du mir geben? Kannst du mir geben, daß mein Begehren durch nichts gehindert wird? *Du?* Woher denn? Hast *du* etwa jene Kunst des Meidens, nie dem zu Meidenden zu verfallen? Oder einen Willen, der stets sein Ziel erreicht? Auf welchem Gebiet denn? Wenn du zu Schiff bist, verläßt du dich dann auf dich oder auf den Sachverständigen? Oder wenn du zu Wagen bist, auf wen anders als den Sachkundigen? Und wie steht es bei den anderen Künsten? Doch ebenso! Was vermagst *du* denn? »Alle Menschen bemühen sich um mich!« – Auch ich bemühe mich um meinen Teller, reinige ihn und wische ihn ab, wie ich auch meiner Ölflasche wegen einen Nagel einschlage. Wie steht es damit? Sind darum diese Dinge etwa meine Herren? Nein! Aber sie gewähren mir einen gewissen Nutzen. Um seinetwillen bemühe ich mich um sie. Und um meinen Esel, bemühe ich mich da nicht? Wasche ich nicht seine Füße? Striegele ich ihn nicht von allen Seiten? Weißt du nicht, daß sich jeder Mensch um seinen Körper bemüht? Um dich aber, wie um seinen Esel? Denn wer bemüht sich um dich als Menschen? Das zeige mir mal! Wer möchte dir ähnlich sein, wer dir nacheifern wie dem Sokrates? »Aber ich kann dich köpfen lassen!« – Sehr richtig! Ich vergaß, daß man sich um dich bemühen muß wie um das Fieber oder die Cholera und dir einen Altar errichten sollte, wie es ja in Rom einen Altar des Fiebers gibt!

Was ist es nun, was die Menschen beunruhigt und einschüchtert? Der Tyrann und seine Schergen? Wieso? Nimmermehr! Was von Natur frei ist, kann unmöglich durch einen andern geängstigt oder gehindert werden, es sei denn durch sich selbst. Aber die falschen Werturteile sind es, die den Menschen ängstigen. Denn wenn der Tyrann zu jemandem sagt: »Ich werde dein Bein fesseln lassen«, dann sagt der, der sein Bein lieb hat: »Nicht doch! Hab Erbarmen!« Wer aber

nur seine Seele wertschätzt, antwortet: »Wenn dir das nützlicher scheint, dann fessele es!« – »Macht dir das nichts aus?« – »Nichts.« – »Ich will dir schon zeigen, daß ich der Herr bin!« – »Du? Woher denn? Hat *mir* doch Zeus die Freiheit gegeben! Oder wähnst du, daß er seinen eigenen Sohn knechten lassen wollte? Über meinen Leichnam bist du Herr, nimm ihn!« – »Also, wenn du mir nahst, bemühst du dich nicht um mich?« – »Nein, sondern um mich selbst. Wenn du aber willst, daß ich sage: ›Auch um dich!‹, dann antworte ich dir: ›So, wie um meinen Kochtopf!‹«
Heißt das nicht aus Eigenliebe handeln? Ist doch so die Natur jedes Wesens; es tut alles mit Rücksicht auf sich selbst. Tut doch auch die Sonne alles um ihrer selbst willen und im übrigen selbst Zeus. Aber wenn er der »Regenspender« und »Fruchtbringer« und »Vater der Götter und Menschen« sein will, dann kann er – das siehst du wohl ein – diese Werke nicht vollbringen und diese Namen nicht erlangen, wenn er nicht zugleich für die Allgemeinheit Segen bringt. Und er hat überhaupt die Natur der vernünftigen Wesen so eingerichtet, daß sie keins der ihnen eigentümlichen Güter erlangen können, wenn sie nicht zugleich etwas zum allgemeinen Nutzen beitragen. Daher ist es auch keine Sünde wider das Gemeinwohl, wenn man alles um seiner selbst willen tut.

Denn was denkst du? Daß einer sich selbst und seinen eigenen Nutzen im Stich läßt? Wie könnte dann noch ein und dieselbe Grundlage für alle die natürliche Hinneigung hierzu* sein?

Wie steht es nun? Wenn der Mensch verkehrte Ansichten von den Dingen hat, die nicht in seiner Macht stehen, und wähnt, daß sie wirkliche Güter oder Übel sind, dann ist es unvermeidlich, daß er vor den Tyrannen kriecht.

Wenn es doch nur die Tyrannen wären und nicht auch noch ihre Kammerdiener! Wie kommt es denn, daß plötzlich ein Mensch zu Verstand kommt, wenn der Kaiser ihm die Obhut über den Abtritt überträgt? Wie kommt es, daß wir dann gleich sagen: »Sehr klug hat mit mir Felicio [21] gesprochen?« Wahrhaftig, ich möchte, er würde von seinem Misthaufen abgesetzt, damit du ihn wieder für einen Dummkopf hieltest! -- Epaphroditos [22] besaß einen Schuster, der nichts taugte, so daß er ihn als Sklaven verkaufte. Da wurde dieser durch eine seltsame Fügung von einem der hohen kaiserlichen Beamten gekauft und dadurch auch Schuster des Kaisers. Da hättest du sehen sollen, wie ihn Epaphroditos poussierte! »Wie geht es dem trefflichen Felicio?« – »Ich liebe dich!« Und wenn uns

---

* Zum eigenen Ich und seinem Nutzen.

dann jemand fragte: »Was macht der Herr?«, dann hieß es: »Er hat mit Felicio eine Konferenz!« – Ja, aber – hatte er ihn denn nicht als unbrauchbar verkauft? Wer hat ihn denn so plötzlich zu Verstand kommen lassen?
Dahin kommt man, wenn man irgend etwas anderem Wert beilegt als den Gütern der Seele. [I. 19]

An jene, die von ihren Vorsätzen abfallen

Überdenke einmal deine guten Vorsätze: welche du in die Tat umgesetzt hast und welche nicht; erinnere dich, wie du dich über die einen freutest, über die andern grämtest, und, wenn es dir möglich ist, nimm auch jene wieder auf, von denen du abgefallen bist. Denn *man darf nicht verzagen, wo es den größten Kampf gilt*, sondern muß auch Schläge hinnehmen; denn der Kampf geht nicht um den Sieg beim Ringen oder im Pankration[23], wo man im Falle des Sieges hochberühmt, im Falle der Niederlage ruhmlos werden kann –, und – beim Zeus! – man kann dabei sehr viel Glück, aber auch sehr viel Unglück haben –, sondern *es geht um das Glück und die Gottseligkeit selbst*! Wie nun? Auch wenn hier einmal unsere Kräfte versagen, hindert uns niemand, den

Kampf von neuem aufzunehmen; wir brauchen auch nicht nochmals vier Jahre zu warten, damit andere Olympien kommen, sondern wir haben die Möglichkeit, uns sofort wieder aufzuraffen, uns zu ermannen und mit dem gleichen Eifer aufs neue zu kämpfen, und wenn du nochmals versagst, nochmals den Kampf aufzunehmen, und wenn du erst *ein*mal gesiegt hast, bist du in der gleichen Lage wie der, der niemals versagt hat. Nur darfst du nicht infolge derselben Gewohnheit gern den Anfang immer aufs neue machen, denn dann ziehst du fortan herum wie ein schlechter Athlet, der im Kreislauf der Kampfspiele besiegt zu werden pflegt wie die Wachteln[24], die im Kampfe ausgerissen sind. »Mich überkommt die Vorstellung eines hübschen Mädchens. Was ist dabei? Überkam sie mich neulich etwa nicht? – – Ich spüre das Verlangen, jemanden auszuschelten. Habe ich es etwa neulich nicht auch getan?«*

So sprichst du mit uns, als ob du damals ohne Schaden davongekommen wärest? Wie wenn einer zum Arzt, der ihm das Baden verbietet, sagen wollte: »Habe ich etwa neulich nicht gebadet?« Wenn nun der Arzt ihm darauf sagen kann: »Gut, aber wie ist dir das Baden bekommen? Hast du nicht Fieber gehabt?

---

* Epiktet spricht hier (ironisch) aus dem Sinne des andern heraus.

Keine Kopfschmerzen?« – Und hast du, als du neulich jemanden ausschaltest, nicht wie ein schlechter Mensch gehandelt? Nicht wie ein Schwätzer? Hast du dadurch nicht deinen Hang (zu diesem Fehler) genährt, indem du ihm die ihm entsprechende Betätigung gabest? Bist du etwa, als du dich von der Vorstellung des Mädchens überwältigen ließest, schadlos davongekommen? Was berufst du dich auf das »Neulich«? Mir scheint, du solltest, wie die Sklaven in Erinnerung an ihre Schläge, dich hüten, dieselben Fehler wieder zu machen. Aber das ist nicht dasselbe; denn jenen schärft der Schmerz das Gedächtnis; bei sittlichen Verfehlungen aber – was gäbe es da für einen Schmerz oder was für einen Schaden? Denn wann hättest du dich gewöhnt, die Sünde zu fliehen? [III. 25]

An einen in Schamlosigkeit Versunkenen

Wenn du einen andern ein Amt verwalten siehst, dann halte dem gegenüber, daß *du* die Fähigkeit hast, keines Amtes zu bedürfen; wenn du siehst, wie ein anderer reich ist, überlege, was du statt dessen besitzt. Denn wenn du nichts statt dessen besitzt, bist du ein elender Wicht. Wenn du aber die Fähigkeit hast, Reichtum nicht zu bedürfen, dann werde dir klar, daß du mehr besitzt und obendrein etwas, was viel mehr wert ist. Ein anderer hat eine schöne Frau, du dagegen den Charakter, eine schöne Frau nicht zu begehren. Scheint dir das etwas Geringes? – – Und gerade diese Art Leute, die reich sind oder im Besitz eines hohen Amtes oder eines schönen Weibes, was gäben sie wohl darum, wenn sie die Kraft hätten, Reichtum, Ämter und ebendiese Weiber, die sie begehren und erlangen, zu verachten? Weißt du nicht, wie der Durst des Fiebernden ist? Er hat keine Ähnlichkeit mit dem des Gesunden. Wenn dieser getrunken hat, hat er keinen Durst mehr. Jenem aber wird nach kurzem Behagen übel; statt des Wassers bildet sich Galle in ihm; er muß sich erbrechen, wird von Leibschmerzen gequält, und sein Durst ist nur noch ärger. Gerade so steht es, wenn man voll Begierde reich ist, voll Begierde ein Amt verwaltet, voll Begierde mit einem schönen Weibe zusammen schläft: Eifersucht ist dabei, Angst, sie zu verlieren, schimpfliche Worte, schimpfliche Gedanken, häßliches Tun.

»Und was verliere ich dabei?« – Mensch, du warst früher ein anständiger Charakter, aber jetzt nicht mehr; und da hast du nichts verloren? Statt des Chrysipp und Zenon liest du den Aristeides[25] und Eubios; und da hast du nichts verloren? Statt des Sokrates und Diogenes bewunderst du den, der die meisten Weiber herumkriegt und verführt. Du willst schön sein, staffierst dich darum heraus und bist es doch nicht; du möchtest durch deine glänzende Kleidung auffallen, um die Blicke der Frauen auf dich zu ziehen, und wenn du irgendwo etwas morgenländisches Parfüm ergatterst, bist du selig. Früher kümmertest du dich um solche Dinge überhaupt nicht; da interessierte dich nur, wo eine lautere Rede, ein tüchtiger Mann, ein trefflicher Gedanke zu finden waren. Daher schliefest du wie ein Mann, gingst einher wie ein Mann, trugst männliche Tracht, führtest nur Worte im Munde, die einem anständigen Manne geziemen – und da sagst du zu mir: »Ich habe nichts verloren?« Die Menschen können wohl nichts anderes als Geld verlieren? Kann man vielleicht nicht sein Schamgefühl oder seinen Anstand verlieren? Oder ist es möglich, straflos auszugehen, wenn man diese Eigenschaften verliert? Dir scheint nun vielleicht nichts von diesem mehr eine Strafe zu sein. Und doch gab es eine Zeit, wo du allein solchen Verlust als Strafe und Schaden rechnetest, wo du ängstlich besorgt warst, daß dich niemand von solchem Reden und Handeln abbrächte!

Sieh, du bist von keinem andern Menschen aus der Bahn geworfen als von dir selbst! Kämpfe mit dir selbst, reiße dich los zu einem anständigen Leben, zur Sittlichkeit, zur Freiheit! Wenn dir einer so etwas von mir erzählte, daß mich jemand zwänge, Ehebrecher zu sein, solche Kleidung zu tragen und nach Parfüms zu duften, würdest du da nicht auf der Stelle hingehen und den Kerl mit eigener Hand totschlagen, der mich so schändlich mißbrauchte? Jetzt aber – willst du dir nicht selbst zu Hilfe kommen? Und wieviel leichter ist diese Hilfe! Du brauchst niemanden totzuschlagen, zu binden, zu mißhandeln, nicht auf den Markt zu laufen, sondern nur Zwiesprache zu halten mit dir selbst, der sich am leichtesten überreden läßt, gegen den niemand beredter ist als du. Zuerst nun komm zur Erkenntnis deines Wandels, und bist du soweit, dann verzweifele nicht an dir und laß dich nicht versinken, wie es jene minderwertigen Menschen tun: wenn sie einmal der Sünde nachgegeben haben, werfen sie sich ihr ein für allemal in die Arme, lassen sich wie von einem wilden Strom von ihr fortreißen. Sondern lerne aus dem Verfahren der Ringlehrer. Da ist der Knabe von seinem Gegner zu Boden geworfen. »Steh auf«, sagt der Meister, »und ringe von neuem, bis du erstarkt bist!« – –

So laß es auch mit dir gehen; denn wisse, daß *nichts leichter zu lenken ist als die menschliche Seele. Wollen muß man, und man hat gewonnen*, ist wieder auf den rechten

Weg gekommen; doch wer wieder einschlummert, der ist verloren. Denn *aus dem inneren Menschen kommen Heil wie Verderben.*

»Und was hätte ich Gutes davon?« – Was könntest du suchen, das größer wäre als dieses? Aus einem Bruder Liederlich wirst du ein sittlich ernster Mensch werden, aus einem unordentlichen ein ordentlicher, aus einem unzuverlässigen ein zuverlässiger, aus einem zuchtlosen ein Mann von strenger Selbstzucht. Wenn du nach anderem trachtest, das größer wäre als dieses, dann tu, was du tust! Auch ein Gott kann dich nicht mehr retten. [IV. 9]

Vom Kynismus

Einmal hatte einer seiner Jünger, der sichtlich stark zum Kynismus neigte, die Frage an ihn gerichtet, welche Anforderungen man an einen Menschen stellen müsse, der sich dem Kynismus widmen wolle, und was man eigentlich unter einem Kyniker zu verstehen habe. Darauf erwiderte Epiktet: Laß uns die Sache in Ruhe betrachten. Soviel aber kann ich dir vorweg sagen, daß einer, der sich ohne inneren Beruf an ein solches Unternehmen wagt, ein Gottverworfener ist und sich nur öffentlich blamieren will. Tritt doch auch in einem gutverwalteten Hauswesen nicht plötzlich jemand von der Straße auf und sagt: »*Ich* muß der Hausherr sein!« Sonst wird ihn der Herr, wenn er sich umwendet und bemerkt, wie jener in hochfahrendem Tone Anweisungen gibt, einfach packen und verbleuen lassen. So geht es auch in diesem großen Staat. Auch hier gibt es einen Hausherrn, der das einzelne anordnet. »*Du* bist Sonne; du kannst, deine Bahn wandelnd, das Jahr und seine Zeiten heraufführen, die Früchte wachsen und reifen lassen, die Winde erregen und wieder einschläfern und die Leiber der Menschen nach Maßen erwärmen. Wohlan, zieh deine Bahn und setze so vom Größten bis zum Kleinsten alles in Bewegung!« – – »*Du* bist ein Kälbchen; wenn der Löwe kommt, tu, was dir zukommt! Sonst wirst du brüllen!« – »*Du* bist ein Stier; geh auf ihn los und kämpfe mit ihm; denn *dir* kommt das zu, und du hast die Kraft und Fähigkeit dazu!« – »*Du* hast die Gaben, das Heer gegen Troja zu führen; sei ein Agamemnon!« – »*Du* hast die Kraft, mit Hektor den Zweikampf zu wagen; sei ein Achill!« – – Wenn aber ein Thersites aufträte und Anspruch auf die oberste Heeresleitung machen wollte, würde er sie nicht bekommen oder, wenn es doch die Laune des Glückes so wollte, sich nur vor noch mehr Leuten blamieren!

Auch du erwäge die Sache gründlich; sie ist nicht so einfach, wie du sie dir vorstellst. »Einen alten Rock trage ich jetzt auch, und schlafen auf harter Pritsche tue ich jetzt auch. Dazu nehme ich dann Ranzen und Stock, ziehe umher und fange an, die Leute, die mir begegnen, anzubetteln und auszuschimpfen; und wenn ich dann sehe, daß sich ein Weichling enthaart, kanzele ich ihn ab, oder wenn ich einen treffe, der sein Haar fein frisiert hat oder in roten Schuhen einherstolziert.« (Epiktet:) Wenn du dir die Sache so denkst, dann hast du keine Ahnung; laß die Hände davon, es ist nichts für dich! Wenn du sie dir aber so vorstellst, wie sie in Wirklichkeit ist, und doch noch glaubst, du eignetest dich dazu, dann bedenke wohl, welch gewaltiges Unternehmen du vorhast!
Erstlich mal darfst du dich in deinen persönlichen Angelegenheiten in keiner Beziehung mehr so wie jetzt benehmen: nicht mit Gott hadern, nicht mit den Menschen! Begehren darfst du überhaupt nichts mehr und meiden nur das, was von deinem Willen abhängt. Zorn, Groll, Neid, Mitleid, all das muß dir fremd sein; kein Mädchen darfst du schön finden, keinen Ruhmesschimmer, keinen Knaben, keinen Leckerbissen. Denn das mußt du wissen, daß die andern Menschen die Mauern ihrer Häuser und die Dunkelheit als Schutzwand haben, wenn sie so etwas

tun, kurz, daß sie vielerlei Mittel haben, sich den anderen unsichtbar zu machen. Da hat einer seine Tür zugeschlossen und vor seinem Schlafzimmer einen Wächter aufgestellt: »Wenn jemand kommt, sagst du: ›Er ist ausgegangen‹ oder ›Er hat keine Zeit‹.« – Der Kyniker dagegen muß statt all solcher Vorkehrungen die sittliche Reinheit als seinen Schild haben. Sonst wird er sich, unbedeckt, wie er ist, vor aller Augen blamieren. Denn allein jene bedeutet für ihn Haus, verschlossene Tür, Wächter vor seiner Kammer und Dunkelheit. Darf er doch überhaupt gar nicht den Wunsch hegen, etwas von seinem Treiben zu verbergen. Sonst ist er schon aus der Rolle gefallen, hat den Kyniker, den Mann, der nur Gottes Himmel über sich hat, den Apostel der wahren Freiheit, zuschanden gemacht; hat begonnen, etwas von den äußeren Dingen zu fürchten, hat nötig, was ihn verbirgt, und kann sich doch nicht verstecken, wenn er es möchte. Denn wo sollte er sich verbergen? Oder wie? Wenn es sich aber einmal so trifft, daß der allgemeine Erzieher, das Vorbild aller, bei unrühmlichem Tun betroffen wird, wie muß es ihm da ergehen! Und ist es möglich, wenn man solche Befürchtungen hegen muß, aus tiefster Seele guten Mutes zu sein und der Führer seiner Mitmenschen? Unmöglich, undenkbar! Zuerst also mußt du deine eigene Seele und deinen ganzen Lebenswandel lauter und rein werden lassen. »Jetzt habe ich als Stoff zur Bearbeitung meine Seele, wie der Zimmermann das Bauholz, der Schuster die Häute. Meine Aufgabe aber ist der rechte Gebrauch meiner Vorstellungen. Der elende Körper geht mich nichts an. Seine Glieder gehen mich nichts an. Der Tod? Mag er kommen, wann er will, sei es für den ganzen Menschen oder eins seiner Glieder! – Verbannung? Verbannen könnte mich jemand aus dem Kosmos? Unmöglich! Wo ich auch hingehe, da scheinen ebensogut Sonne, Mond und Sterne, kommen Träume und Vorzeichen, besteht die Gemeinschaft mit den Göttern.«

Und wenn man sich so vorbereitet hat, darf man sich hierbei nicht beruhigen, wenigstens der wahre Kyniker nicht. Der muß wissen, daß er als Bote von Zeus zu den Menschen gesandt ist, daß sie über Gut und Böse im Irrtum befangen sind und das Wesen des Guten und Bösen da suchen, wo es nicht ist; wo es aber ist, nicht ahnen, und muß wie Diogenes, der nach der Schlacht bei Chaironeia zu Philipp geführt wurde, ein Kundschafter sein. Denn Kundschafter ist der Kyniker, dessen nämlich, was den Menschen gut und was ihnen schädlich ist. Und wenn er im Gelände scharf zugesehen hat, muß er zurückkommen und die Wahrheit berichten, ohne von Furcht benommen

oder auf andere Weise von falschen Vorstellungen betört und verwirrt zu sein, so daß er nicht Feinde meldet, wo gar keine sind.
Er muß daher imstande sein, wenn es der Lauf der Dinge so mit sich bringt, sich hoch aufzurichten und auf die tragische Bühne hinaufzusteigen und das Wort des Sokrates[26] zu sprechen: »Wehe, ihr Menschen, wohin treibt ihr? Was tut ihr Elenden? Wie Blinde irrt ihr hin und her! Ihr seid vom wahren Wege abgekommen und geht in die Irre; ihr sucht euer Heil und das Glück, wo es nicht ist, und wenn es euch ein andrer zeigen will, wollt ihr ihm nicht glauben! Was sucht ihr es draußen? Im Körper? Da ist es nicht! Wenn ihr es nicht glauben wollt, so denkt an Myron, denkt an Ofellius! Im Besitz? Da ist es nicht! Wenn ihr es nicht glauben wollt, denkt an Krösus, denkt an die Reichen von heutzutage, von welch endlosem Jammer ihr Leben erfüllt ist! In der Macht? Da ist es nicht! Sonst müßten ja jene, die zwei- oder dreimal Konsul gewesen sind, glücklich sein! Aber sie sind es nicht! Wem sollen wir nun glauben? Euch, die ihr von außen das Leben jener betrachtet und von dem falschen Schein geblendet werdet, oder ihnen selbst? Was sagen sie? Hört sie einmal, wenn sie jammern, wenn sie stöhnen, wenn sie meinen, gerade wegen ihrer Ministerposten, ihrer hohen und glänzenden Stellung, weit unglück-

licher und in größerer Gefahr als andere Menschen zu sein. In der Königsherrschaft? Da ist es nicht! Sonst wären ja Nero glücklich gewesen und Sardanapal! Aber auch Agamemnon war es nicht und war doch immerhin besser als Sardanapal und Nero, doch was tut er, während die anderen in tiefstem Schlafe liegen? »Raufte vom Haupt mit der Wurzel von seinen Haaren gar viele.« Und er selber, was sagt er? »So werd' ich von Sorgen hin und her gejagt« und »bin voll Angst, und das Herz will mir aus der Brust springen!«[27]

Du, Elender, was fehlt dir denn? Hab und Gut? »Nein.« – Gesundheit? »Nein.« – Du hast doch viel Gold und Erz.[28] Was ist denn an dir krank? Ebendas, was du hast verwahrlosen und verkommen lassen, jenes Etwas, mit dem wir begehren und meiden, wollen und nicht wollen. – Inwiefern hat er es verwahrlosen lassen? Er kennt nicht das Wesen des Guten, zu dem er von Hause aus bestimmt ist, noch das des Bösen und weiß nicht, was er wirklich zu eigen besitzt und was nicht. Und wenn es dem, was ihm nicht gehört, schlechtgeht, dann sagt er: »Wehe mir, die Griechen sind in Gefahr!« – Welch jämmerliche Seele! Sie allein ist es, die er hat verwahrlosen und verkommen lassen. »Sie sind verloren, die Trojaner metzeln sie nieder!« Und wenn die Trojaner sie nicht töten, brauchen sie dann etwa nicht zu sterben? »Doch, aber nicht alle auf einmal!« Das ist doch gleich! Denn wenn der Tod ein Übel ist, ist er ebensogut ein Übel, wenn sie alle auf einmal und wenn sie jeder einzeln umkommen. Geschieht denn etwas anderes dabei, als daß sich Leib und Seele trennen? »Nein.« – Und ist dir etwa, wenn die Griechen umkommen, der Ausgang versperrt? Kannst du nicht sterben? »Doch.« – Was jammerst du denn? »Oh, ich bin doch ein König, mit dem Zepter des Zeus!« – Einen unseligen König gibt es nicht, sowenig wie einen unseligen Gott! Was bist du denn? In Wahrheit bist du nichts als ein Hirt. Denn du heulst wie die Hirten, wenn der Wolf eins ihrer Schafe zerrissen hat. Sind doch auch jene, deine Untertanen, in Wahrheit Schafe. Warum fingst du auch an? War etwa euer Begehren in Gefahr, euer Meiden, euer Wollen und Nichtwollen? »Nein, aber das Weib meines Bruders hatte man geraubt!« – Wäre es nicht ein großer Gewinn gewesen, ein buhlerisches Weib loszuwerden? »Sollen wir uns denn von den Trojanern verachten lassen?« – Was für Menschen sind sie? Kluge oder Toren? Wenn klug, was führt ihr mit ihnen Krieg? Wenn Toren, was kümmert es euch?

Worin liegt nun das Glück, da es in diesen Dingen nicht liegt? Sag es uns, Meister Bote und Kundschafter! »Da, wo ihr es nicht erwartet und nicht suchen wollt! Denn wenn ihr nur wolltet, so würdet ihr es in euch selbst finden und nicht draußen danach umherirren und nicht dem Fremden nachjagen, als ob es euch gehörte. Haltet Einkehr in euch selbst; lernt erkennen, welch verkehrte Vorstellungen ihr habt! Wie stellt ihr euch das Gute vor? Das nämlich, was Heil und Glück bringt, das niemand rauben kann. Stellt ihr es euch nicht unwillkürlich als etwas Großes vor? Nicht als etwas Bedeutendes? Als etwas Unzerstörbares? In welchem Reich muß man nun das Heil suchen, das niemand rauben kann? Im Sklavenland oder im freien? »Im freien.« – Ist nun euer Leib frei oder Sklave? »Das wissen wir nicht.« – Das wißt ihr nicht, daß er Sklave des Fiebers ist, der Gicht, des Augenübels, des Darmleidens, des Tyrannen, des Feuers, des Eisens, überhaupt jedes Stärkeren? – »Ja, Sklave.« – Wie kann da noch ein Glied des Körpers unbehindert sein? Wie kann das, was von Natur tot, Erde, Kot ist, groß oder bedeutend sein? Wie steht es nun? Besitze ich denn nichts, was frei ist? »Ich fürchte, nichts!« – Doch wer kann euch zwingen, dem beizustimmen, was ihr für falsch haltet? »Niemand.« Und wer, dem nicht beizustimmen, was ihr für wahr haltet? »Niemand.« – Da seht ihr, daß etwas in euch ist, was von Natur frei ist. Wer von euch kann begehren oder meiden, streben oder fliehen, sich zu etwas rüsten oder sich etwas vornehmen, wenn er sich nicht vorher die

Vorstellung von etwas Gutem oder Schlechtem dabei gebildet hat? »Niemand.« Ihr besitzt also auch hierin etwas, was frei ist und unbezwingbar. Ihr Elenden, damit befaßt euch, das hegt und pflegt, da sucht das Glück!

Aber wenn man nichts hat, nackt und bloß ist, ohne Haus und Herd, seinen äußeren Menschen nicht pflegen kann, kein Gesinde hat und kein Vaterland, wie kann es einem da gutgehen? Siehe, da hat euch Gott einen Mann gesandt, der durch die Tat gezeigt hat, daß es möglich ist. »Sieh auf mich; ich habe kein Heim und kein Vaterland, weder Besitz noch Gesinde; ich schlafe auf der bloßen Erde, habe weder Weib noch Kind noch eine Leibwache, sondern nur die Erde unter und den Himmel über mir und einen einzigen alten Rock. Und was bleibt mir? Habe ich etwa Kummer oder Angst? Bin ich nicht wahrhaft frei? Wann hätte je einer von euch gesehen, daß ich etwas begehrte und doch nicht erlangte, etwas mied und ihm doch verfiel? Wann hätte ich je mit Gott oder Menschen gehadert? Wann hätte ich je auf einen geschimpft? Hat mich jemals einer von euch mit finsterer Miene gesehen? Und wie verkehre ich mit denen, die ihr fürchtet und anstaunt? Nicht wie mit Sklaven? Meint doch jeder, der mich sieht, seinen eigenen König und Herrn zu sehen!«

Sieh, das sind Worte des echten Kynikers, das ist sein wirkliches Wesen, seine wahre Gesinnung. – Aber nein! Ein schäbiger Ranzen, ein Knotenstock und mächtige Kinnbacken; hinunterschlingen, was ihm die Leute geben, oder hamstern, und den Leuten, die ihm begegnen, zur Unzeit eine Moralpauke halten oder seine schöne Schulter zeigen (das kann der »Kyniker« von heutzutage)! – Siehst du nun, welch dorniges Unternehmen du vorhast? Nimm erst mal einen Spiegel und betrachte deine Schultern, deine Hüfte und deine Schenkel. Du willst dich als Kämpfer *zu Olympia* einschreiben lassen, Mensch, nicht für irgendeinen obskuren oder kümmerlichen Wettkampf! Man kann in Olympia nicht nur besiegt werden und sich dann unbemerkt davonschleichen, sondern erstens setzt man sich der Blamage vor der ganzen Welt aus, nicht nur vor Athenern und Spartanern oder Leuten hier aus Nikopolis, und dann wird derjenige, der aufs Geratewohl ausgezogen ist, auch noch durchgebleut, und vor der Tracht Prügel hat er (umsonst) dursten und schwitzen und viel Staub hinunterschlucken müssen!

Geh der Sache tiefer auf den Grund, erkenne dich selbst, befrage die Gottheit; ohne Gottes Beistand geh nicht daran! Denn wenn *er* dir den Rat gibt, dann sei überzeugt, daß er will, daß du ein wirklich Großer wirst oder daß du viel Schmisse bekommst. Das ist ja das Knifflige, was vom Beruf des Kynikers untrennbar ist: er muß sich treten lassen wie ein Hund und unter den Tritten ebendie, welche ihn treten, auch noch lieb haben, wie ein Vater von allen, wie ein Bruder! Doch nein! Wenn dich einer tritt, dann lauf nur gleich auf den Markt und plärre: »Oh, Kaiser, welche Unbill muß ich unter deinem Frieden erleiden! – Wir wollen zum Richter!« Doch wer ist für den Kyniker denn anders Kaiser oder Richter als der, der ihn gesandt hat und dessen Diener er ist, d. h. Zeus? Ruft er etwa wen anders an als ihn? Ist er nicht fest davon überzeugt, was ihm auch der Art widerfahren mag, daß *er* es ist, der ihn auf die Probe stellen will? Herakles freilich, der so von Eurystheus erprobt wurde, der glaubte trotzdem nicht, unglücklich zu sein, sondern ohne Zagen vollbrachte er alles, was ihm auferlegt wurde. Und da sollte der, dem Zeus seine Prüfungen und Übungen auferlegt, schreien und schimpfen, er, der wert ist, das Zepter eines Diogenes zu tragen? Hör' einmal, was er zu den Vorübergehenden sagt, als er vom Fieber geschüttelt wird! »Ihr Hundsfötter, wollt ihr nicht stehenbleiben? Aber wenn ihr einen Kampf oder Tod von Athleten sehen wollt, dann macht ihr die weite Reise nach Olympia; und da wollt ihr nicht zuschauen, wie ein Mensch mit dem Fieber ringt!« – Ein

Mann wie er, hätte der wohl mit Gott, der ihn gesandt hat, gehadert, daß er ihn wider Gebühr gebrauchte, er, der in allen Prüfungen triumphierte und den Vorübergehenden ein Schauspiel sein wollte! Worüber sollte er denn murren? Daß er eine gute Figur macht, daß er nicht klagt, daß er sein Licht nur noch mehr leuchten läßt? Und wie erhaben hat er von der Armut gesprochen, vom Tode und vom Leiden? Und wie stolz verglich er seine Seligkeit mit der des Großkönigs! Im Ernst hielt er beides überhaupt nicht für vergleichbar.[29] Denn wo Aufregung, Kummer, Angst, ungestilltes Begehren, vergebliches Meiden, Neid und Eifersucht herrschen, wo ist da ein Weg zur Glückseligkeit? Wo aber die Grundüberzeugungen morsch und faul sind, da muß sich all solches Elend einstellen.

Als ihn aber der Jünger fragte: »Wenn ich einmal krank werde und mich ein Freund zu sich ins Haus nehmen will, um mich zu pflegen, soll ich ihm dann willfahren?«, erwiderte er: »Wo hat denn ein Kyniker einen Freund? Es müßte denn schon einer seinesgleichen sein, um wert zu sein, als sein Freund zu zählen. Er müßte Teilhaber sein, an jenem Zepter, jenem Königtum, und ein ebenbürtiger Helfer, wenn er seiner Freundschaft gewürdigt werden wollte wie Diogenes von Antisthenes, Krates von Diogenes. Oder meinst du, daß jemand, der auf ihn zugeht und ihm freundlich ›guten Tag!‹ sagt, schon sein Freund ist und er ihn für wert erachtet, ihn zu besuchen? Wenn du dir so etwas einbildest, dann sieh dich lieber nach einem hübschen Misthaufen um, auf dem du dein Fieber kurieren kannst, wo du Schutz vor dem Nordwind hast, damit du dich nicht erkältest! Du scheinst mir nur die Absicht zu haben, in das Haus eines andern überzusiedeln, um dich eine Zeitlang dick fressen zu können! Was habt ihr da gemein, du und ein solches Unternehmen?«

Danach fragte ihn der Jüngling: »Wird der Kyniker wohl heiraten und eine Familie gründen um der Sache selbst willen?« – »Wenn wir uns einmal eine Stadt von Weisen denken, dann wird vielleicht überhaupt nicht so leicht jemand darauf verfallen, Kyniker zu werden. Denn warum sollte er ein solches Leben auf sich nehmen? Gleichwohl, wenn wir jene Voraussetzung einmal machen, wird dem nichts im Wege stehen, daß er heiratet und Kinder zeugt. Denn auch sein Weib wird seinesgleichen sein und sein Schwiegervater ebenso. Und seine Kinder werden in demselben Geiste erzogen werden. Aber unter solchen Verhältnissen, wie sie jetzt sind, wo es heißt: ›An die Front!‹, muß da nicht der Kyniker ganz dem Dienst der Gottheit geweiht sein, durch nichts abgelenkt, um an seinen Mitmenschen arbeiten zu können, nicht durch Pflichten des Spießbürgers gefesselt noch durch persönliche Beziehungen gebunden, durch deren Verletzung er den Charakter des braven Mannes verlieren würde, während ihre Pflege den Sendboten und Kundschafter, den Herold der Götter, zunichte machte? Mach dir doch einmal klar, was er alles seinem Schwiegervater und den andern Verwandten seiner Frau und was er dieser selbst schuldig ist! Da muß er den Krankenpfleger spielen, an Erwerb denken. Um von anderem nicht zu reden, da muß er einen Kessel haben, in dem er für das Kleine warmes Wasser macht, um es in der Wanne baden zu können. Da braucht sein Weib nach der Entbindung Verbandzeug, Öl, eine Bettstelle, ein Trinkgefäß und noch mancherlei andere Dinge. Und dann all die andere Abhaltung und Behinderung! Wo bleibt da noch jener König, der volle Muße für das Gemeinwohl hat, ›Dem die Völker anvertraut sind und so viele Pflichten?‹[30]. Er, der die andern Menschen beaufsichtigen soll, die geheiratet haben, die ein Kind gekriegt haben: wer seine Frau gut behandelt, wer schlecht, wer Zank und Streit macht, in welchem Hause ein guter Geist herrscht, in welchem nicht – indem er wie ein Arzt herumgeht und den Leuten den Puls fühlt? ›*Du* hast Fieber, *du* Kopfschmerzen, *du* Gicht! *Du* mußt fasten, *du* ordentlich essen, *du* darfst nicht kalt baden!

Du mußt operiert, *du* gebrannt werden!‹ – Wo in aller Welt hat einer, der durch die Pflichten des Familienvaters gebunden ist, hierzu Muße? Muß der nicht Zeug für seine Kinder schaffen? Seine Kinder zur Schule schicken, mit Griffel und Schreibtafel? Und muß er nicht ein Bett für sie besorgen? Sie können doch nicht gleich nach der Geburt Kyniker sein. Dann aber wäre es besser, sie gleich nach ihrem Eintritt in die Welt auszusetzen, als in dieser Weise verkommen zu lassen. Sieh, wohin wir da mit dem Kyniker kommen, wie wir ihm seine Krone rauben!« – »Ja, aber Krates war doch verheiratet!« – Da nennst du ein Verhältnis, das aus der Liebe geboren ist, und eine Frau, die ein zweiter Krates war. Wir aber sprechen hier von den gewöhnlichen Ehen, die leicht Störung und Ablenkung mit sich bringen, und da können wir nicht finden, daß unter den obwaltenden Umständen die Sache für den Kyniker wirklich Wert hätte.

»Wie soll er dann noch die Bande der menschlichen Gemeinschaft erhalten?« – Gottes Donner! Sind diejenigen ein größerer Segen für ihre Mitmenschen, die zwei oder drei rotznäsige Gören in die Welt setzen, oder die, welche nach Möglichkeit auf die ganze Menschheit achtgeben: was sie treiben, wie sie leben, worum sie sich kümmern und was sie wider ihre

Pflicht nicht kümmert? Haben etwa den Thebanern die Leute mehr genützt, die ihnen Kinder hinterließen, oder Epaminondas, der kinderlos starb? Und haben etwa Priamos, der fünfzig Taugenichtse in die Welt setzte, oder Danaos und Ai mehr für die menschliche Gemeinschaft getan als Homer? Das Amt des Feldherrn oder sonst ein Kommando hält doch auch manchen davon ab, sich zu verheiraten und eine Familie zu gründen, und keiner, der aus solchem Motiv so handelt, erweckt den Anschein, als ob er die Kinderlosigkeit für nichts und wieder nichts eingetauscht hätte, und da soll das Königtum des wahren Kynikers nicht gleichwertig sein? Wir empfinden eben seine Größe gar nicht, wir haben überhaupt keine richtige Vorstellung vom Wesen eines Diogenes, sondern sehen nur auf die Kyniker von heute, »die am Tisch des Herrn lungern«[31], die in nichts jenen Großen ähnlich sind oder höchstens im...! Sonst würde uns das gar nicht weiter auffallen oder unsere Verwunderung erregen, wenn er nicht heiratet oder Kinder zeugt. Menschenskind, alle Menschen hat er als seine Kinder in sein Herz geschlossen, die Männer als seine Söhne, die Frauen als seine Töchter; in solchem Geist verkehrt er mit allen, in solcher Gesinnung ist er um sie besorgt. Oder glaubst du, daß er aus reiner Aufdringlichkeit die

Leute schulmeisterte, die ihm begegnen? Wie ein Vater weist er sie zurecht, wie ein Bruder und als Diener des Allvaters Zeus.

Wenn du Lust hast, kannst du mich auch noch fragen, ob er sich am Staatsleben beteiligen wird. Du Schafskopf, suchst du nach einem Staat, der größer ist als der, an dem *er* sich beteiligt? Oder soll der in der athenischen Volksversammlung über Steuern und Zölle sprechen, der mit der ganzen Menschheit verhandeln muß, mit Athenern so gut wie mit Korinthern und Römern, nicht über Steuern und Zölle oder über Krieg und Frieden, sondern über Gottseligkeit und Verdammnis, Heil und Unheil, Knechtschaft und Freiheit? Bei einem Mann, der in einem so herrlichen Reiche wirkt, da kannst du noch fragen, ob er sich am Staatsleben beteiligt? Da kannst du mich auch fragen, ob er regieren wird, und wieder werde ich dir antworten: Du Narr, welches Reich wäre erhabener als das, worin *er* regiert?

Freilich, ein solcher Mann muß die körperliche Veranlagung danach haben. Denn wenn einer, der blaß und mager ist und die Schwindsucht hat, als Kyniker auftritt, dann macht das Zeugnis, das er ablegt, nicht den gleichen Eindruck. Denn er muß nicht nur durch Offenbarung geistig-sittlicher Eigenschaften die Laien zur Erkenntnis bringen, daß es möglich ist, ohne die von ihnen bewunderten Dinge ein ganzer Kerl zu sein, sondern auch durch seine leibliche Erscheinung den Beweis erbringen, daß das schlichte und einfache Leben unter freiem Himmel auch die Gesundheit nicht schädigt. »Sieh, auch davon legen ich und mein Aussehen Zeugnis ab.« So, wie es Diogenes machte, der strahlend von Gesundheit umherging und gerade durch sein glänzendes Aussehen die Augen der Menge auf sich zog. Ein Kyniker aber, der Mitleid erweckt, macht den Eindruck eines Bettlers. Alle kehren sich ab von ihm, nehmen Anstoß an ihm. Denn er darf auch nicht schmutzig aussehen, damit er nicht dadurch die Menschen abstößt, sondern gerade sein ärmliches Äußere muß sauber und anziehend sein.

Der Kyniker muß auch viel natürliche Anmut besitzen und Schlagfertigkeit – sonst wird er zum Ekel, weiter nichts! –, damit er auf alles, was ihm begegnet, mühelos die passende Antwort bereit hat. Wie Diogenes zu einem, der zu ihm sagte: »Bist *du* der Diogenes, der nicht an die Götter glaubt?« – »Wie käme ich dazu, wo ich *dich* für gottverflucht halte?« Und wie Alexander an ihn herantrat, als er gerade schlief, und zu ihm sagte: »Nicht die ganze Nacht durch darf schlafen, wer vielen durch Rat hilft«[32], antwortete er, noch halb im Schlaf: »Dem die Völker anvertraut sind und so viele Sorgen.«[33]

Vor allem aber muß seine Seele lauterer sein als die Sonne. Sonst wird er unweigerlich zum Abenteurer und Gauner, der selbst einen Makel hat und dabei den Sittenrichter spielen will. Mach dir doch einmal klar, wie die Sache liegt: den Königen und Tyrannen hier auf Erden geben ihre Trabanten und Söldner die Möglichkeit, die Leute zur Verantwortung zu ziehen und die Frevler zu bestrafen, auch wenn sie selber Schurken sind; dem Kyniker aber kann statt der Trabanten und Söldner nur sein gutes Gewissen diese Autorität verleihen, wenn er sich bewußt ist, daß er zum Heil der Menschheit wacht und arbeitet, daß er rein von Schuld abends einschläft und reiner noch morgens vom Schlaf erwacht, daß er alles, was er denkt, als Freund der Götter denkt, als ihr Diener, als Mitregent des Zeus, und daß ihm immer und in allen Lagen das Wort zur Hand ist: »Zeus, führe du mich, und Verhängnis, du zugleich« und das andere: »Wenn es so den Göttern gefällt, möge es also geschehen.«[34]

Weshalb soll er da nicht getrost zu seinen Brüdern, seinen Kindern frei von der Leber weg sprechen, überhaupt zu seinen Verwandten? Daher ist der Mann, der in solcher Seelenverfassung ist, nicht etwa ein Mensch, der sich um Dinge kümmert, die ihn nichts angehen, oder etwa übergeschäftig; denn er

kümmert sich ja nicht um fremde Angelegenheiten, wenn er das menschliche Treiben beobachtet, sondern um seine eigenen. Sonst müßte man ja auch den Feldherrn übergeschäftig nennen, wenn er seine Truppen besichtigt oder beobachtet und die schlechten Soldaten bestraft. Wenn du aber hinter der Backe einen Kuchen hast und dann andere Leute abkanzelst, dann sage ich dir: »Willst du dich nicht lieber in einen Winkel verkriechen und dort verschlingen, was du gestohlen hast? Was gehen *dich* die Angelegenheiten anderer Leute an? Wer bist du denn? Bist du der Stier der Herde oder die Königin der Bienen? Weise mir die Kennzeichen deiner Führerschaft, wie sie jene von Natur hat! Wenn du aber eine Drohne bist, die Anspruch auf das Königtum unter den Bienen macht, glaubst du nicht, daß auch dich deine Mitbürger richten werden wie die Bienen die Drohnen?«
Denn die Geduld des Kynikers muß so groß sein, daß er den Leuten fühllos wie ein Stein vorkommt; niemand kann ihn beschimpfen, niemand mißhandeln oder verhöhnen. Seinen Körper aber gibt er selbst jedem preis, der Lust hat; der kann damit machen, was er will. Denn er ist sich bewußt, daß es ein Weltgesetz ist, daß stets von dem Besseren das Schlechtere besiegt wird, insofern es schlechter ist, daß aber der sterbliche Leib des einzelnen der Masse unterlegen ist und das

Schwächere dem Stärkeren. *Daher begibt er sich niemals auf einen Kampfplatz, wo er besiegt werden kann*, sondern er geht den Dingen, die ihn nichts angehen, alsbald aus dem Wege, macht auf Sklavendinge keinen Anspruch. Wo aber das Reich des freien Willens beginnt und der rechte Gebrauch der Vorstellungen, da solltest du einmal sehen, was er für Falkenaugen hat; dann würdest du sagen: »Argos war nichts gegen ihn!« – Ist etwa seine Zustimmung vorschnell, sein Wollen vergeblich, sein Begehren fruchtlos, sein Meiden umsonst, sein Vorhaben erfolglos? Wo gäbe es bei ihm Murren, Kleinmut oder Neid? In *der* Hinsicht ist seine Achtsamkeit groß und die Anspannung seines Geistes scharf; alles andere läßt ihn sorglos schlafen: tiefster Friede um ihn. Einen Räuber des menschlichen Willens gibt es nicht, einen Zwingherrn auch nicht. Aber des Körpers? Ja. Des Besitzes? Ja. Auch von Ämtern und Ehrenstellen? Was gehen ihn *die* an? Wenn ihn daher jemand durch solche Dinge einschüchtern will, sagt er zu ihm: »Scher dich weg, geh zu den Kindern; *sie* macht man mit Masken bange; ich aber weiß: sie sind aus Pappe und inwendig hohl!« – –

Ein solches Unternehmen hast du vor. Also, wenn du dazu geneigt sein solltest, dann – bei Gott! – schieb die Sache noch etwas auf und prüfe zuvor, ob du wirklich das Zeug dazu hast! Denk auch daran, was Hektor zu Andromache sagt: »Geh du lieber ins Haus und spinn! Krieg aber ist Sache der Männer, aller, aber am meisten die meine!«[35] So war er sich seiner eigenen Bestimmung bewußt und der Ohnmacht der Gattin. [III. 22]

Von der wahren Freiheit

Frei ist der Mensch, der lebt, wie er will, der auf keine Weise gezwungen oder gehindert werden kann, dessen Wollen nicht zu hemmen ist, der stets erreicht, was er begehrt, und nie in Lagen gerät, die er zu vermeiden wünscht. Wer möchte wohl leben, indem er sein Ziel verfehlt? Wer möchte leben, indem er getäuscht wird oder gedankenlos beistimmt, sich ungerecht oder zuchtlos benimmt, mit seinem Schicksal hadert oder verzagt ist? – Niemand. – Dann lebt kein Ungebildeter so, wie er will, ist also auch nicht frei. Denn wer möchte wohl voll Kummer, in steter Furcht oder von Neid oder Mitleid gequält leben, wer möchte Verlangen empfinden und es nicht stillen können, meiden wollen und nicht vermeiden können? – Kein Mensch. – Gibt es also unter den Ungebildeten je-

manden, der frei von Kummer und Furcht ist, der niemals in Ungemach gerät, niemals sein Ziel verfehlt? – Keinen. – Also ist auch keiner von ihnen frei.
Wenn solche Äußerungen jemand hört, der zweimal Minister gewesen ist, wird er dir, falls du hinzusetzest: »Aber *du* bist ein feingebildeter Mann; *dich* geht das alles nichts an!«, wohl verzeihen. Wenn du ihm aber die Wahrheit sagst: »Von Leuten, die dreimal in die Sklaverei verkauft sind, bist du in nichts verschieden, bist daher auch selbst eine Sklavenseele« – kannst du da etwas anderes als Schläge erwarten? – »Inwiefern (sagt er) bin ich denn ein Sklave? Mein Vater war doch frei, meine Mutter war frei; nie im Leben sind sie als Sklaven verkauft worden! Und ich bin sogar Senator und Freund des Kaisers, bin Minister gewesen und habe eine große Dienerschaft.« – Vorerst, mein trefflicher Senator, war vielleicht auch dein Vater in demselben Sinne Sklave wie du und ebenso deine Mutter, dein Großvater und alle deine Vorfahren. Doch nehmen wir auch einmal den günstigsten Fall, sie wären wirklich frei gewesen, was folgt daraus für dich? Wie, wenn zwar jene tüchtige Menschen waren, aber du nichts taugst? Jene furchtlose Männer, aber du ein Feigling? Jene Charaktere von strenger Selbstzucht, aber du ein Lüstling?

»Und was hat das (sagt er) mit dem Sklavsein zu tun?« – Scheint es dir gar keine Bedeutung für Sklav oder nicht Sklav sein zu haben, ob man etwas wider seinen Willen tut, unter Zwang oder mit Seufzen? »Das wohl«, sagt er. »Aber wer könnte mich zwingen, abgesehen von unser aller Herrn, dem Kaiser?« – *Einen* Herrn von dir hast du also schon selbst zugegeben! Daß er, wie du sagst, der allen gemeinsame Herr ist, kann kein Trost für dich sein; mach dir doch klar, daß der Unterschied bloß der ist, daß du Sklave aus einem großen Hause bist. So pflegen auch die Leute hier in Nikopolis laut zu beteuern: »Wahrhaftig, beim Glück des Kaisers, wir sind frei!«
Doch laß uns, wenn es dir recht ist, den Kaiser für jetzt aus dem Spiel lassen; nur *die* Frage beantworte mir: bist du nie in jemanden verliebt gewesen? Nie in ein Mädchen oder einen schönen Knaben, Sklaven oder Freien? »Was hat das mit dem Sklav- oder Freisein zu tun?« – Hast du nie von deiner Geliebten einen Auftrag erhalten, zu dem du keine Lust hattest? Nie deinem hübschen Sklaven geschmeichelt? Niemals seine Füße geküßt? Wenn dich aber einer von den Beamten des Kaisers zu so etwas zwänge, dann würdest du das für brutale Gewalt halten und den Gipfel der Tyrannei! Was anders ist denn Sklaverei? Bist du niemals nachts ausgegangen, wohin du nicht moch-

test? Hast du nie Geld ausgegeben, was du eigentlich nicht wolltest? Nie Worte unter Seufzen und Stöhnen gesprochen? Dich nie schelten und aussperren lassen? – Doch wenn es dir peinlich ist, deine eigenen Sünden zu bekennen, überleg einmal, was jener Thrasonides[36] sagt und tut, der so viel Feldzüge mitgemacht hat wie vielleicht nicht einmal du und doch zur Nachtzeit ausgegangen ist, wo nicht einmal jener Geta[36] das Haus zu verlassen wagt. Und wenn er von ihm dazu gezwungen würde, ein furchtbares Gezeter anheben und unter lautem Gejammer über solch elendes Sklavendasein losgehen würde. Und nun? Was sagt er?

»Ein Dirnchen hat mich zum Sklaven gemacht,
ein billiges Ding,
Mich, den doch nie und nimmer jemals ein
Feind bezwang!«

Du Elender, der du Sklave gar eines Dirnchens bist und noch dazu eines billigen Dirnchens! Und da willst du dich noch frei nennen? Wie magst du da noch mit deinen Feldzügen prahlen? – –
Und dann fordert der Mensch ein Schwert und tobt gegen seinen Freund, der es ihm in guter Absicht vorenthält, und schickt ihr, die ihn nicht ausstehen kann,

noch Geschenke, bettelt und stellt sich jämmerlich an und ist, wenn er nur ein bißchen Gutwetter wieder hat, gleich aus dem Häuschen! Aber wie wäre der jemals frei gewesen, der selbst auf der Höhe seines »Ruhmes« weder das Begehren noch das Fürchten verlernt hat?[37]

Laß uns die Sache einmal an den Tieren betrachten, wie wir da den Begriff der Freiheit verstehen. Da sperren manche Leute Löwen ein, füttern und zähmen sie und nehmen sie gar mit auf Reisen. Wer würde wohl einen solchen Löwen frei nennen? Ist er nicht vielmehr um so tiefer in Sklaverei versunken, je zahmer er sich gebärdet? Und welcher Löwe würde wohl, wenn er zu Verstand und zur Erkenntnis seiner Lage käme, einer von solchen Löwen sein wollen? – Und dann denk einmal an die Vögel dort: was stellen sie, wenn sie gefangen sind und im Käfig gehalten werden, nicht alles an, aus Verlangen nach der Freiheit! Ja, manche von ihnen verhungern lieber, als daß sie ein solches Dasein länger ertrügen! Und die anderen, die am Leben bleiben, freilich nur kümmerlich und mit knapper Not, von Gram verzehrt, auch sie entschlüpfen, sobald sie nur irgendeine Öffnung finden. So mächtig ist ihre Sehnsucht nach ihrer natürlichen Freiheit, danach, ihr eigener Herr und von niemandem abhängig zu sein! – »Und was fehlt dir denn hier (du Vogel)?« – »Was sagst du? Die Natur hat mir die Freiheit verliehen, zu fliegen, wohin ich will, unter freiem Himmel zu weilen und zu singen, wann ich will; du aber hast mir das alles genommen, und da fragst du noch: ›Was fehlt dir denn?‹«

Wir können daher nur *die* Tiere frei nennen, die die Gefangenschaft nicht ertragen, bei denen gefangen werden und durch den Tod entschlüpfen eins sind. So sagt auch Diogenes einmal, daß es *einen* Weg zur Freiheit gibt: »gelassen zu sterben«, und dem Perserkönig schreibt er: »Die Stadt der Athener kannst du nicht knechten, sowenig wie die Fische.« – »Wieso? Kann ich sie nicht in meine Gewalt bringen?« – »Wenn du das tust, werden sie dir alsbald entwischen wie die Fische. Stirbt doch auch jeder Fisch, den du fängst. Und wenn nun die Athener, von dir gefangen, ebenfalls sterben, was nützt dir dann dein ganzes Unternehmen?« – Das ist das Wort eines freien Mannes, der der Sache auf den Grund gegangen ist und, wie sich denken läßt, die Lösung gefunden hat. Wenn du aber das Heil anderswo suchst als da, wo es wirklich ist, was Wunder, wenn du es niemals findest?

Jeder, der Sklave ist, hat alsbald den Wunsch, freizukommen. Warum? Glaubt ihr, daß er danach verlangt hat, den Steuerpächtern den Zwanzigsten[38] zu bezahlen? Sicher nicht. Aber er bildet sich ein, solange er das nicht erreicht hat, an Händen und Füßen gefesselt zu sein, im Unglück zu sitzen. »Wenn ich freikomme«, sagt er, »dann bin ich gleich fein heraus, brauche mich um niemanden mehr zu kümmern, verkehre mit jedermann auf gleichem Fuße, reise, wohin ich Lust habe, gehe, wohin ich will und wo ich will.« Und – nehmen wir einmal den Fall! – nun ist er wirklich frei gekommen, und schon weiß er nicht, wovon er leben soll, und zerbricht sich den Kopf, an wen er sich heranmachen, bei wem er zu Mittag essen soll. Dann tut er Werkarbeit und läßt es sich blutsauer werden, und wenn er dann glücklich eine Futterkrippe gefunden hat, ist er in eine noch viel ärgere Knechtschaft geraten als vorher. Oder er findet wirklich eine befriedigende Existenz, da verliebt er sich in seiner Dummheit in eine junge Magd, wird abgewiesen, und nun jammert er und sehnt sich nach seinem früheren Sklavendasein: »Was fehlte mir denn? Ein anderer kleidete mich, ein anderer sorgte für mein Schuhzeug, ein anderer ernährte mich, ein anderer pflegte mich, wenn ich krank war, und ich brauchte nur kleine Dienste für ihn zu tun. Und jetzt? Welch elendes Leben habe ich Unglücksmensch! Für *einen* Herrn habe ich mehrere eingetauscht! – – – Doch wenn ich nur erst die goldenen Ringe kriege, dann werde ich ein feines Leben haben, wie ein Gott!« –

Zuerst nun, damit er sie kriegt, muß er sich treten lassen, wie er's verdient, und, hat er sie glücklich, dann ist es wieder die alte Geschichte. Dann sagt er: »Wenn ich mit in den Krieg zöge, dann wäre ich von allem Elend erlöst!« Nun zieht er wirklich mit in den Krieg; es geht ihm saumäßig, und trotzdem verlangt er nach einem zweiten Feldzug und einem dritten! Und wenn ihn dann etwa das Glück auf den Gipfel hebt und er wird gar Senator, dann wird er zum Sklaven, wenn er in die Sitzung geht, dann front er die herrlichste und glänzendste Fron!

Damit er seine Narrheit ablegt und begreift, was Sokrates zu erörtern pflegte: den Begriff eines jeden Dinges, und nicht gedankenlos seine Begriffe den besonderen Verhältnissen anpaßt. Denn das ist der Grund allen Übels für die Menschen, daß sie ihre allgemeinen Begriffe nicht den besonderen (konkreten) Verhältnissen anzupassen wissen. Doch wir wähnen, der eine dies, der andere das: der eine zum Beispiel, daß er krank ist. Er ist es durchaus nicht, aber er wähnt es, weil er seine allgemeinen Begriffe seiner besonderen Lage nicht anzupassen versteht. Der andere denkt, daß er ein Bettler ist, der dritte, daß er einen bösen Vater oder eine böse Mutter hat, der vierte, daß ihm der Kaiser nicht gnädig ist. Hiervon ist einzig und allein der Grund, daß die Menschen ihre allgemeinen

Begriffe ihren besonderen Verhältnissen nicht anzupassen verstehen. Denn wer hätte nicht die Vorstellung vom Übel, daß es schädlich ist, daß man es meiden und auf jede Weise von sich fernhalten muß? Die allgemeinen Begriffe stehen miteinander nicht in Widerspruch; ein solcher entsteht erst dann, wenn sie den besonderen Verhältnissen angepaßt werden sollen.

Worin besteht nun das Übel, das uns schadet und daher zu meiden ist? Jener sagt, darin, daß der Kaiser nicht sein Freund sei. Eben hier liegt seine falsche Einstellung; er versteht nichts von der richtigen Anpassung der allgemeinen Begriffe, daher kommt er ins Gedränge und jagt Dingen nach, die nichts mit der Kernfrage zu tun haben. Denn sollte es ihm auch glücken, des Kaisers Freund zu werden, so ist er doch dem wahren Ziel um nichts näher gekommen. Denn was ist es, wonach jeder Mensch trachtet? Nach Wohlfahrt, nach Glückseligkeit, danach, daß ihm alles nach Wunsch geht, er nicht gehindert, nicht gezwungen werden kann. Wenn er nun Freund des Kaisers geworden ist, hört er damit auf, gehindert oder gezwungen zu werden, und geht es ihm nun wirklich gut? Wen sollen wir danach fragen? Wen hätten wir dafür als besseren Zeugen als ihn selbst, der Kaisers Freund geworden ist? »So tritt vor und sage uns, wann du ruhiger schliefest, jetzt oder ehe du Freund des Kaisers wurdest?« – Gleich kannst du ihn antworten hören: »Hör' auf – um Gottes willen! –, mein Schicksal noch zu verhöhnen! Du ahnst nicht, was ich Elender alles leide! Schlaf nähert sich meinem Lager überhaupt nicht mehr, aber ein anderer tritt an mich heran und sagt: ›*Er* ist schon aufgestanden; *Er* geht schon aus.‹ – Da ist schon die Aufregung, die Unruhe!« – Weiter: »Wann aßest du mit mehr Gemütsruhe, jetzt oder früher?« – Höre auch, was er hierüber sagt: Wenn er nicht zur Tafel geladen wird, grämt er sich; wird er aber eingeladen, so ißt er wie ein Sklave bei seinem Herrn, in *einer* Angst, er könnte etwas Dummes sagen oder tun. Und was fürchtet er wohl? Daß er welche mit der Peitsche kriegt wie ein Sklave? Gott bewahre! Nein, sondern wie es sich für einen so feinen Herrn schickt, der Freund des Kaisers ist: daß er seinen Hals verliert! – – »Wann hast du ruhiger gebadet, wann mit mehr Seelenruhe geturnt? Überhaupt, welches Leben magst du lieber, das jetzt oder das früher?« – Ich will schwören, daß niemand ein solcher Narr oder so verlogen ist, daß er nicht sein Schicksal verwünscht, und zwar um so heftiger, je näher er dem Kaiser befreundet ist.

Wenn nun weder die sogenannten Könige so leben, wie sie wollen, noch die Freunde der Könige, wer ist dann überhaupt frei? Suche, so wirst du es finden. Du hast ja von der Natur die Fähigkeiten erhalten zur Auffindung der Wahrheit. Wenn du aber selbst nicht dazu imstande bist, nur aufgrund deines gesunden Menschenverstandes das Weitere zu finden, so höre es von denen, die mit Erfolg gesucht haben. Was sagen sie? Scheint dir die Freiheit ein Gut? »Das größte von allen.« Kann wohl jemand, der das größte Gut erlangt hat, unselig sein oder Unglück haben? – »Nein.« – Erkläre also alle, die du unselig, unglücklich, in Kummer siehst, getrost für unfrei. – »Ja.« – Wir haben also den Gesichtspunkt des Kaufens und Verkaufens (als Sklave) und dementsprechende Einordnung der Menschen in ein äußeres Besitzverhältnis schon aufgegeben. Denn wenn du dies richtig zugegeben hast, dann ist selbst der Großkönig, falls er unglücklich ist, nicht frei; das gleiche gilt von dem Kleinfürsten, dem Konsul und dem, der gar zweimal Minister gewesen ist. »Freilich.«

Beantworte mir noch die eine Frage: Scheint dir die Freiheit etwas Großes zu sein, etwas Edles und Bedeutendes? »Gewiß.« Ist es nun möglich, wenn man etwas so Großes, Bedeutendes und Edles erreicht hat, gegen andere Menschen unterwürfig zu sein? »Unmöglich!« Wenn du nun jemanden siehst, der sich vor einem andern demütigt oder ihm wider seine Überzeugung schmeichelt, auch den nenne ruhig unfrei, und nicht nur dann, wenn er es wegen eines wertlosen Mahles tut, sondern auch, wenn er es tut, um dadurch eine Provinz oder das Konsulat zu bekommen. Doch magst du jene, die wegen kleiner Dinge so handeln, kleine Sklaven nennen, diese aber, wie sie verdienen, große. »Auch das gebe ich zu.« Scheint dir nun die Freiheit etwas Selbstherrliches zu sein, das sein Gesetz in sich selbst trägt? »Gewiß.« – Nenne also ruhig jeden, den ein anderer hindern und zwingen kann, unfrei. Und sieh mir nicht nach seinen Großvätern und Urgroßvätern und danach, ob er oder sie jemals als Sklave verkauft worden ist, sondern, wenn du hörst, wie einer aus innerer Überzeugung zu jemandem »Herr!« sagt, den nenne, und wenn ihm zwölf Rutenbündel vorangetragen werden[39], einen Sklaven! Und wenn du hörst, daß einer sagt: »Ich Unseliger! Was muß ich leiden!«, den nenne einen Sklaven. Überhaupt, wenn du jemanden jammern siehst oder unzufrieden oder übler Laune, den nenne einen Sklaven, und wenn er im Purpur einhergeht! Wenn er aber nichts dergleichen tut, dann nenne ihn noch lange nicht frei, sondern lerne erst seine Gesinnung kennen, ob sie sich nicht zwingen oder hindern läßt, ob sie nicht etwa ins Unglück führt. Und wenn du einen solchen Menschen triffst, nenne ihn einen Sklaven, der an den Saturnalien[40] Urlaub bekommen hat. Sage dir, daß sein Herr nur verreist ist. Wenn der zurückkommt, wirst du schon sehen, wie es jenem ergeht. »Wer zurückkommt?« Jeder, der die Macht hat, etwas von dem, was sich jemand wünscht, ihm zu verschaffen oder zu nehmen. »So hätten wir also viele Herren?« – Freilich. Haben wir doch die Dinge noch eher zu Herren als solche Leute. Der Dinge aber sind gar viele. Daraus folgt unweigerlich, daß auch diejenigen, die die Macht über eins von diesen Dingen haben, unsere Herren sind. Denn niemand fürchtet den Kaiser um seiner selbst willen, sondern deshalb, weil er Tod, Verbannung, Einziehung des Vermögens, Gefängnis, Verlust der bürgerlichen Ehrenrechte verhängen kann. Ebensowenig liebt jemand den Kaiser um seiner Person willen, falls dieser nicht etwa ein wirklich wertvoller Mensch ist, sondern wir lieben den Reichtum, das Amt des Volkstribunen, des Prätors, des Konsuls, das er verleihen kann. Wenn wir diese Dinge lieben oder jene hassen und fürchten, sind auch unweigerlich diejenigen, die die Verfügung darüber haben, unsere Herren. Deswegen verehren wir sie ja auch wie Götter; denn wir meinen, daß das Wesen, das die Macht über das höchste Heil hat, göttlicher Natur ist. Wenn wir aber eine falsche Voraussetzung machen wie die: »Jener hat die Macht über

das höchste Heil«, dann müssen notwendig auch die hieraus weiter folgenden Schlüsse falsch sein.
Was ist es nun, was den Menschen unbezwingbar und selbstherrlich macht? Reichtum tut es ja nicht oder das Amt des Konsuls oder des Statthalters oder die königliche Gewalt, sondern es muß etwas ganz anderes sein, nach dem wir suchen müssen. Was ist es nun, das uns in den Stand setzt, beim Schreiben weder gehindert noch gehemmt werden zu können? – Die Schreibkunst. – Und was beim Zitherspiel? – Die Kunst des Zitherspielers. – Also auch beim Leben die Lebenskunst. Die grundsätzliche Beantwortung der Frage hast du also gehört; betrachte sie aber auch in ihrer Anwendung auf die einzelnen Verhältnisse. Ist es möglich, daß jemand, der nach etwas begehrt, was in der Gewalt anderer ist, nicht gehindert werden kann? – »Nein.« – Oder daß man ihn nicht hemmen kann? – »Nein.« – Also ist ein solcher Mensch auch nicht frei. Nun gib acht! Haben wir nichts, was ausschließlich in unserer Gewalt ist, oder ist alles der Art? Oder sind manche Dinge in unserer Gewalt, manche dagegen in der anderer? – »Wie meinst du das?« – Wenn du willst, daß dein Körper fehlerlos ist, steht das in deiner Macht oder nicht? »Das steht nicht in meiner Macht.« Etwa die Gesundheit? »Auch sie nicht.« Oder die Schönheit des Leibes? »Auch nicht.« Aber

Leben und Sterben? »Auch das nicht.« Also ist unser Körper etwas Fremdes, das der Willkür jedes Stärkeren ausgesetzt ist. »Allerdings.« Steht es in deiner Macht, das Grundstück zu besitzen, wenn du willst und solange du willst und so, wie du es haben willst? »Nein.« Oder die Sklaven? »Nein.« Die schönen Kleider? »Nein.« Das niedliche Haus dort? »Nein.« Oder die schönen Pferde? Keins von diesen Dingen. Wenn du aber willst, daß deine Kinder oder dein Weib, dein Bruder oder dein Freund allezeit leben, steht das in deiner Macht? – Auch das nicht. – Hast du nun gar nichts in dir, was selbstherrlich ist, was ausschließlich in deiner Gewalt steht, oder besitzt du etwas Derartiges? – Ich weiß es nicht. – Gib einmal acht und denk nach! Kann dich jemand bewegen, einer Lüge beizustimmen? – Niemand. – Also im Punkt der Zustimmung oder nicht kann dich niemand zwingen. – Freilich. – Ferner: kann dich jemand zwingen, etwas zu wollen, was du nicht willst? – Ja. Denn wenn er mir Tod oder Gefängnis androht, zwingt er mich, es zu wollen. – Wenn du aber Tod und Gefängnis verachtest, brauchst du dich dann noch um ihn zu kümmern? – Nein. – Steht es nun in deiner Macht, den Tod zu verachten oder nicht? – In meiner Macht. – Steht also auch in deiner Macht, etwas zu wollen, oder nicht? – In meiner Macht. – Und von wem hängt es ab, daß du etwas nicht willst? Doch gleichfalls von dir! – Wie aber, wenn ich spazierengehen will und der Mensch da mich hindert? – Was kann er an dir hindern? Doch nicht deine innere Zustimmung? – Nein, sondern nur meinen Körper. – Ja, wie einen Stein. – Das ist richtig. Aber spazieren kann ich nicht mehr. – Wer hat dir denn gesagt: »Spazierengehen ist deine Sache, die niemand hindern kann«? Ich habe doch nur behauptet, *daß allein das Wollen von niemandem gehindert werden kann.* Wo aber der Körper und seine Mitwirkung nötig ist, davon hast du doch schon längst gehört, daß nichts Derartiges in deiner Macht steht. – Das gebe ich zu. – Kann dich aber jemand zwingen, etwas zu begehren, was du nicht willst? – Niemand. – Kann dich einer zwingen, dir etwas vorzunehmen oder zu beabsichtigen oder überhaupt die in deiner Seele auftauchenden Vorstellungen (so, wie *er* will) zu gebrauchen? – Auch das nicht. Aber wenn ich etwas begehre, kann er mich verhindern, es zu erlangen. – Wenn du nach etwas begehrst, was in deiner Macht steht und wobei dich niemand hemmen kann, wie will er dich hindern? – Auf keine Weise. – Wer sagt dir nun, daß der, welcher nach den äußeren Dingen trachtet, dabei nicht gehindert werden kann? – Soll ich also nicht nach Gesundheit trachten? – Keineswegs und ebensowenig nach irgendwelchen anderen äußeren Dingen. Denn was nicht in deiner Macht steht, dir zu verschaffen oder zu bewahren, das gehört zu den äußeren Dingen. Davon halte nicht nur deine Hände fern, sondern noch viel eher dein Herz! Tust du das nicht, begibst du dich in Sklaverei, gibst du deine Person preis, wenn du etwas bewunderst, was nicht in deiner Macht steht, wenn du dein Herz an etwas Vergängliches hängst, über das andere die Macht haben. – Gehört diese Hand nicht mir? – Sie ist ein Teil von dir, von Natur aber ist sie Staub, kann von anderen gehindert oder gezwungen werden, ist der Sklave jedes Stärkeren. Doch was rede ich dir von der Hand? Deinen ganzen Körper mußt du besitzen wie einen bepackten Esel, solange es möglich ist, solange es dir vergönnt ist. Wenn aber die Botschaft kommt und der Soldat Hand an dich legt, dann laß ihn fahren, ohne Murren und Sträuben. Sonst bekommst du noch Schläge und verlierst trotzdem auch den Esel. Wenn du dich deinem Körper gegenüber so stellen mußt, dann erwäge, was von den andern Dingen übrigbleibt, die sich die Menschen ihres Körpers wegen verschaffen. Wenn nun dieser ein Esel ist, dann sind die andern Dinge das Zaumzeug des Esels, der Sattel, Fußhüllen, Gerste und Heu. Laß auch diese Dinge fahren, laß sie noch schneller und leichter los als den Esel.

Wenn du dich an solche Denkweise gewöhnt und dich geübt hast, die fremden von den eigenen Dingen zu unterscheiden, das Hemmbare von dem Unhemmbaren, dies als dich angehend zu betrachten, jenes als dich nichts angehend, auf diese ganz dein Streben, auf jene ganz dein Meiden zu richten, da fürchtest du doch nichts mehr auf der Welt? – Nichts. – Wofür solltest du auch fürchten? Doch nicht für dein wahres Eigentum, in dem für dich das Wesen des Guten und Bösen beschlossen liegt? Wer hätte darüber Macht? Wer könnte es dir rauben, dich dabei hindern? Dich ebensowenig wie die Gottheit. Doch für den sterblichen Leib, den irdischen Besitz? Für die äußeren Dinge? Für die Dinge, die dich nichts angehen? Worin anders hast du dich denn von Anfang geübt als in der Unterscheidung dessen, was dein und was nicht dein ist, was in deiner Macht steht und was nicht, was hemmbar an dir und was nicht? Weswegen gingst du denn zu den Philosophen? Damit du trotzdem unglücklich und elend wärest?
Unter solchen Voraussetzungen also wirst du frei von Furcht und Unruhe sein. Kummer – was geht er dich an? Denn die Dinge, deren Erwartung uns Furcht erweckt, bringen auch Kummer, wenn sie da sind. Wonach wird dein Herz noch begehren? Nach den Dingen im Bereich deines freien Willens, die wahr-

haft wertvoll und gegenwärtig sind, ist ja dein Verlangen maßvoll und stetig; von den Dingen aber, die nicht in deinem Machtbereich liegen, begehrst du keines, so daß kein Raum ist für jenes vernunftwidrige Verlangen mit seinem Ungestüm und maßlosen Drängen.

Wenn du so zu den Dingen stehst, welcher Mensch kann dir da noch Furcht einflößen? Was hat denn ein Mensch für einen anderen Menschen Furchtbares, sei es durch seine Erscheinung oder seine Worte oder überhaupt den Verkehr mit ihm? Sowenig wie ein Pferd für ein Pferd, ein Hund für einen Hund, eine Biene für eine Biene. Vielmehr *die Dinge* sind es, die dem einzelnen furchtbar sind. Wenn sie einer einem andern verschaffen oder rauben kann, dann wird er ihm dadurch auch selbst furchtbar. Wie kommt nun eine Burg zu Fall? Nicht durch Feuer oder Schwert, sondern durch Grundanschauungen. Denn wenn wir die Burg in der Stadt einnehmen, haben wir damit etwa auch die Burg des Fiebers, etwa auch die verführerischer Frauen, überhaupt die Burg in uns und die Tyrannen in uns zu Fall gebracht, die wir täglich bei den einzelnen Dingen haben, bald diese, bald jene? Aber da muß man anfangen, da die Burg zu Fall bringen, seine Tyrannen verjagen: den sterblichen Leib fahrenlassen, seine Glieder und seine Kräfte, den irdischen Besitz, den Ruf bei unseren Mitmenschen, Ämter, Ehren, Kinder, Geschwister, Freunde, all das muß man für fremde Dinge halten. Und wenn von dort die Tyrannen verjagt werden, was hat es dann noch für Interesse für mich, die (wirkliche) Burg zu blockieren? Was tut es mir, wenn sie stehen bleibt? Weshalb verjage ich noch die Trabanten? Wo merke ich etwas von ihnen? Für andere haben sie ihre Knüttel, ihre Spieße und Säbel. Ich aber bin noch nie gehindert worden, wenn ich etwas wollte, oder gezwungen, wenn ich etwas nicht wollte. Und wie ist das möglich? *Ich habe all mein Dichten und Trachten Gott anheimgestellt. Er* will, daß ich Fieber habe; auch ich will es. *Er* will, daß ich etwas erstrebe; auch ich will es. *Er* will, daß ich nach etwas begehre; auch ich will es. *Er* will, daß ich etwas erreiche; auch ich wünsche es. Will er es nicht, will auch ich es nicht. Ich bin bereit zu sterben, bereit, mich foltern zu lassen. Wer kann mich da noch hindern oder zwingen, gegen meine Überzeugung zu handeln? So wenig, wie er Gott zwingen kann.

So handeln auch die Wanderer, die ohne Gefahr reisen wollen. Da hat einer gehört, daß die Straße von Räubern unsicher gemacht wird. Allein wagt er sich daher nicht auf den Weg, sondern wartet auf eine größere Reisegesellschaft, etwa die eines Gesandten, eines Quästors oder Prokonsuls; ihr schließt er sich an und kommt so sicher an sein Ziel. So handelt der Einsichtige im Leben überhaupt. Da gibt es vielerlei Räuberhöhlen, Tyrannen, Stürme, Ängste, Verlust der Liebsten. »Wohin soll man fliehen? Wie soll man unberaubt vorbeikommen? Auf was für eine Reisegesellschaft soll man warten, um sicher ans Ziel zu gelangen? Wem soll man sich anschließen? Dem großen Herrn hier, dem Reichen, dem Konsul? Doch was hilft mir das? Er wird ja selbst ausgeplündert, jammert und klagt! Und wenn mich gar mein eigener Reisegefährte überfällt und beraubt? Was soll ich machen? – – Ich will Freund des Kaisers werden; wenn ich sein Vertrauter bin, wird mir niemand etwas tun! Aber erstlich, damit ich es soweit bringe, was muß ich da alles ausstehen und über mich ergehen lassen! Wie oft und von wie vielen Räubern mich ausplündern lassen! Und wenn ich dann wirklich sein Freund geworden bin – auch der Kaiser kann sterben! Und wenn er nun gar selbst infolge irgendeines zufälligen Umstandes mein Feind wird, wohin in aller Welt soll ich da fliehen? In die Einöde? Kommt vielleicht das Fieber nicht dahin? Was soll nun werden? Ist es denn nicht möglich, einen zuverlässigen Reisegefährten zu finden, der treu, stark und unangreifbar ist?« – – So grübelt jener und kommt zu der Einsicht, daß

er, wenn er sich *Gott* anschließt, sicher ans Ziel kommt.
»Wie meinst du das, ›sich anschließt‹?« – Wenn er, was jener will, auch selbst will, und was jener nicht will, auch nicht will. – Wie meinst du das? – Wie denn anders, als daß er die Wege Gottes und sein Walten zu erkennen sucht? Was hat er mir als mein eigenes Gebiet gegeben, wo ich selbst die Entscheidung habe, und was hat er sich vorbehalten? *Den Bereich des Willens hat er mir gegeben, in meine Macht gestellt, wo mich nichts hemmen noch hindern kann.* Den sterblichen Leib – wie hätte er ihn ohne Hemmungen machen können? Daher hat er dem Kreislauf der Allnatur meine Habe, meine Siebensachen, Haus, Weib und Kinder unterworfen. Warum hadere ich da mit Gott? Weshalb will ich das, was ich nicht wollen soll, das, was mir nicht geschenkt ist, für immer behalten? – Wie denn aber? – Wie es vergönnt ist und solange es vergönnt ist. – Doch der es gegeben hat, nimmt es auch wieder. – Was sperre ich mich dagegen? Ich rede nicht davon, daß ich ein Tor sein würde, wenn ich den zwingen wollte, der stärker ist als ich, sondern vor allem davon, daß ich unrecht tun würde. Denn woher hatte ich die Dinge, als ich in diese Welt kam? Mein Vater hat sie mir gegeben. Wer aber ihm? Wer hat die Sonne geschaffen, wer die Früchte des Feldes,

wer die Jahreszeiten, wer die Verbindung und Gemeinschaft der Menschen miteinander?
Und da murrst du, wo du alles, selbst deine eigene Person, von einem andern empfangen hast, und schiltst den Geber, wenn er dir etwas nimmt? Wer bist du denn? Und wozu bist du auf die Welt gekommen? Hat *er* dich nicht in sie eingeführt? Hat *er* dir nicht das Tageslicht geschenkt? *Er* dir etwa keine Helfer gegeben? Nicht auch die Sinne? Nicht die Vernunft? Und als wen hat er dich ins Leben treten lassen? Nicht als eine sterbliche Kreatur? Nicht als ein Wesen, das mit dem bißchen Körper auf Erden leben, sein Walten schauen, ein Weilchen mit ihm im Festzuge gehen, mit ihm an der Feier teilnehmen soll? Willst du da, wenn du den heiligen Umzug und die Festversammlung geschaut hast, solange es dir vergönnt ist, wenn er dich dann aus diesem Leben abberuft, nicht scheiden, indem du anbetest und dankst für alles, was du gehört und gesehen hast? »Nein, ich will noch auf dem Fest bleiben!« – Auch die Mysten wollen ja die Weihen noch schauen, auch die Zuschauer zu Olympia möchten wohl noch andere Athleten sehen. *Aber das Fest ist zu Ende!* Daher brich auf und scheide, voll Dankbarkeit und Ehrfurcht; mach anderen Platz! Es müssen auch andere in das Dasein treten, wie auch du geboren wurdest, und nach ihrer Geburt Platz haben,

Wohnungen und Lebensmittel. Wenn sich aber die ersten nicht leise davonschleichen, wo bleibt da Raum für die Folgenden? Was bist du so unersättlich? So unbescheiden? Was übervölkerst du die Welt? – Ja, aber ich will meine Kinder und mein Weib bei mir behalten. – Gehören sie denn dir? Nicht dem, der sie dir gegeben hat? Nicht dem, der auch dich geschaffen hat? Und da willst du nicht auf fremdes Eigentum verzichten? Willst dich nicht dem Stärkeren beugen? – »Warum rief er mich denn ins Dasein, unter solchen Bedingungen?« – Wenn es dir nicht mehr paßt, so geh doch! Er braucht keinen verdrossenen Zuschauer! Festgenossen will er haben, die an seinem Reigen teilnehmen, damit sie um so lebhafter Beifall klatschen, ihm voll Begeisterung zujubeln und das Fest preisen. Schwächlinge und Feiglinge sieht er nicht ungern das Fest verlassen. Sie haben sich ja während ihrer Anwesenheit nicht wie Festgenossen benommen und nicht die Rolle gespielt, die ihnen zukam, sondern gejammert, ihren Genius, ihr Schicksal und ihre Leidensgefährten verwünscht; ohne Verständnis für das, was ihnen zuteil ward, und für ihre eigenen Kräfte, die sie gegen die Widerstände der Welt empfangen haben, wie Seelengröße, Tatkraft, Tapferkeit und die Freiheit, deren Wesen wir eben jetzt suchen. – Wozu habe ich diese Gaben bekommen? – Um sie zu gebrauchen. – Auf wie lange? – Solange es dem beliebt, der sie dir geliehen hat. – Wenn ich sie aber notwendig brauche? – Hänge dein Herz nicht daran, und es wird nicht der Fall sein. Du mußt dir nicht selbst einreden, du brauchtest sie notwendig, dann wird es auch nicht der Fall sein.

In solchen Gedanken sollten wir uns vom Morgen bis Abend üben, indem wir mit dem Kleinsten und Gebrechlichsten den Anfang machten, mit einem Tongefäß oder einem Trinkglas. Und dann in diesem Sinne weitergehen zu unserem Röckchen, Hündchen, Rößlein, Gärtchen, und von da muß man dann zu sich selbst übergehen, dem Leib und seinen Gliedern, zu Weib und Kind und Geschwistern. Halte Ausschau nach allen Seiten und reiße sie von deinem Herzen. Prüfe deine Werturteile, ob sich nicht etwas an dich angehängt hat, was nicht dein ist, ob dir nicht etwas der Art angewachsen ist, das dir weh tut, wenn es von dir gerissen wird. Und sprich zu dir, indem du dich Tag für Tag übst, wie vorhin: nicht, daß du philosophierst – das Wort klingt zu anmaßend –, sondern daß du auf dem Wege bist zur Erlösung aus den Banden der Knechtschaft. Denn *das* ist die wahre Freiheit. So ward Diogenes von Antisthenes befreit und versicherte, daß er von niemandem auf der Welt mehr geknechtet werden könne. Daher – wie stolz benahm er sich, als man ihn gefangennahm! Wie sprang er mit den Seeräubern um! Nannte er etwa einen von ihnen »Herr«? Ich meine nicht das Wort, denn nicht das Wörtchen fürchte ich, sondern die sklavische Gesinnung, deren Ausdruck das Wort ist. Wie schalt er sie aus, daß sie die Gefangenen schlecht ernährten! Welch eine Haltung, als man ihn verkaufte! Suchte er etwa einen Herrn? Gott bewahre, einen Sklaven suchte er! Und wie trat er dem neuen Herrn gegenüber, als er verkauft war! Alsbald sprach er mit ihm, daß er sich nicht so aufputzen müßte, nicht so (kahl) geschoren sein; von seinen Söhnen, wie sie leben müßten! Kein Wunder! Denn wenn jener sich einen Turnmeister gekauft hätte, hätte er ihn in allem, was das Turnen angeht, als Diener oder als Herrn benutzt? Und ebenso würde er es mit einem Arzt oder einem Baumeister gehalten haben. Und *so muß unweigerlich auf jedem Gebiet der Sachkundige über den Ungelernten herrschen.* Daher muß jeder, der die Wissenschaft vom rechten Leben besitzt, er und kein anderer muß Herr sein! Wer ist denn Herr auf einem Schiff? – Der Steuermann. – Warum? Weil der, der sich ihm widersetzt, bestraft wird? – (Nein, sondern weil *er* die Steuermannskunst besitzt.) – Aber er kann mich durchbleuen lassen. – Doch nicht ungestraft? – Das dachte ich auch. – Aber weil er es nicht ungestraft tun kann, ebendeshalb darf er es nicht. Denn *niemand tut ungestraft unrecht.* – Und was ist die Strafe für den, der seinen eigenen Sklaven mißhandelt? – Welche meinst du? Ebendies Mißhandeln. Das wirst auch du anerkennen, wenn du den Satz aufrechthalten willst, daß der Mensch kein Raubtier ist, sondern »ein gutartiges Wesen«.[41] Wann geht es denn dem Weinstock schlecht? Wenn er wider seine eigene Natur lebt. Wann dem Hahn? Ebenso. Also auch dem Menschen in gleichem Fall. Was entspricht nun seiner Natur? Etwa beißen, hinten ausschlagen, ins Gefängnis werfen und köpfen lassen? Nein, sondern seinem Nächsten wohlzutun, zu helfen und freundlich gesinnt zu sein. Dann also geht es ihm schlecht – magst du das zugeben oder nicht –, wenn er lieblos handelt.

Also ging es Sokrates überhaupt nicht schlecht? – Nein, sondern seinen Richtern und Anklägern. – Auch in Rom dem Helvidius[42] nicht? – Nein, sondern vielmehr seinem Mörder. – Was sagst du? – Du glaubst doch auch nicht, daß es dem Hahn schlecht geht[43], der gesiegt hat und dabei übel zerzaust ist, sondern dem, der sich hat besiegen lassen, ohne verwundet zu werden. Du lobst auch den Jagdhund nicht, der sein Wild nicht verfolgt noch sich sonst irgendwie abhetzt, sondern dann lobst du ihn, wenn du siehst, wie er von Schweiß trieft und keucht, wenn ihm vom

Lauf das Herz aus der Brust springen will. Reden wir etwa sonderbares Zeug, wenn wir behaupten, daß der Schaden eines jeden Wesens in dem besteht, was wider seine Natur geht? Ist das sonderbares Zeug? Sagst du das nicht auch von allen andern Dingen? Warum machst du da allein beim Menschen eine Ausnahme? Aber wenn wir behaupten, daß die Natur des Menschen gutartig und nächstenliebend und vertrauenswürdig sei, ist das sonderbares Zeug? – Auch das nicht. – Inwiefern leidet er denn keinen Schaden, wenn er gemartert, gefesselt oder geköpft wird? Geht ein solcher Mensch nicht, wenn er tapfer duldet, noch mit Gewinn und Segen von hinnen, und ist nicht vielmehr der andere der Geschädigte, er, der das Kläglichste und Schimpflichste leidet, der aus einem Menschen zum Raubtier geworden ist, zur Schlange oder zum Skorpion?[44]

Wohlan, laß uns die Punkte, in denen wir Übereinstimmung erreicht haben, zusammenfassen. Der Mensch, den nichts auf der Welt hindern kann, ist frei, er, dem alle Dinge nach Wunsch gehen. Wen man aber hindern, zwingen, hemmen oder in eine von ihm nicht gewollte Lage bringen kann, der ist Sklave. Wer aber kann durch nichts gehindert werden? Derjenige, der nach keinem ihm fremden Dinge verlangt. Was aber heißt fremd? Fremd sind die Dinge, bei denen es nicht von uns abhängt, ob wir sie besitzen oder nicht, oder in welchem Zustand wir sie besitzen. Also unser Körper ist ein Fremdes, auch seine Teile, auch unser äußerer Besitz. Wenn du also an eins von diesen Dingen als dein eigen dein Herz hängst, wirst du die Strafe büßen, die der verdient, der nach fremden Dingen trachtet. Das ist der Weg, der zur Freiheit führt; er ist die einzige Möglichkeit zur Erlösung von der Sklaverei, so daß man dereinst aus tiefster Seele sprechen kann:

»Zeus, führe du mich, und Verhängnis, du zugleich,
Dahin, wo mir von euch der Platz gewiesen ward.«[45]

Doch was sagst du, Philosoph? Da wirst du vom Tyrannen vorgeladen: du sollst etwas sagen, was dir nicht ansteht. Wirst du es tun oder nicht? Das sage mir! – Laß es mich überlegen! – Jetzt willst du noch überlegen? Als du in der Philosophenschule warst, was überlegtest du da? Studiertest du nicht, was gut, was böse und was keins von beiden ist? – Doch. – Zu welchen Ergebnissen kamet ihr da? – Daß das Gerechte und Rühmliche gut, das Ungerechte und Schimpfliche schlecht ist. – Doch nicht etwa, daß das Leben ein Gut ist? – Nein. – Doch nicht, daß der Tod ein Übel ist? – Nein. – Doch nicht das Gefängnis? – Nein. – Aber feige und unwahre Rede, Verrat des Freundes und Kriechen vor dem Tyrannen, wie dachtet ihr darüber? – Schlechte Handlungen. – Wie nun? Du überlegst hierbei doch gar nicht, hast auch nicht weiter überlegt und darüber groß nachgedacht! Denn was wäre das für eine Überlegung, ob es mir ansteht – wo ich doch dazu in der Lage bin! –, mir die größten Güter zu verschaffen und die größten Übel zu meiden! Wahrhaftig, eine feine und dringend notwendige Überlegung, die viel Nachdenken erfordert! Was hältst du uns zum Narren, Mensch? Über solche Dinge gibt es überhaupt kein »Nachdenken«! Auch wenn du in Wahrheit das Schimpfliche für schlecht, das Schöne für gut, das übrige für keins von beiden hieltest, wärest du nicht darauf verfallen, das zu überlegen, nicht im Traum, sondern sofort, ohne weiteres, hättest du dein Urteil zur Hand gehabt – wie beim Gesichtssinn – durch deine Denkkraft. Denn wann fiele es dir ein zu überlegen, ob das Schwarze weiß ist oder das Leichte schwer? Nimmst du etwa nicht das, was sich dir sinnenfällig offenbart, ohne weiteres als wahr an? Wie kannst du da sagen, du würdest Überlegungen anstellen, ob die gleichgültigen Dinge eher zu meiden seien als die schlechten? Aber du hast diese

Ansichten gar nicht, sondern es kommt dir weder dieses als gleichgültig, sondern vielmehr als das größte Übel vor, noch jene schlechten Dinge als schlecht, sondern vielmehr als solche, die uns nichts angehen. Denn so hast du dich von Anfang zu denken gewöhnt: »Wo bin ich? In der Philosophenschule. Und was für Leute hören mich? Ich spreche mit Philosophen. Doch nun habe ich die Schule verlassen. Weg mit den Stubengelehrten und Narren!« – So kommt es, daß der Freund vom »Philosophen« verraten wird, so, daß der »Philosoph« zum Schmarotzer wird, sich für Geld verkauft, daß einer im Senat seine Überzeugung verleugnet, während in seinem Innern seine Grundansicht laut schreit, nicht etwa eine belanglose und nichtssagende Einwendung, die an elenden Scheingründen wie an einem Haare hängt, sondern mannhaft, tüchtig und fest ist, weil durch die Tat erprobt.[46] Gib auf dich acht, wie du dich beim Empfang von Nachrichten benimmst – ich will nicht gleich sagen, daß dein Kind gestorben ist, wie sollte ich dazu kommen? Sondern z. B., daß dir jemand dein Öl verschüttet, deinen Wein ausgetrunken hat – damit nicht einer, der Zeuge ist, wie du dich darüber aufregst, nur das zu dir sagt: »Philosoph, in der Schule sprachst du ganz anders! Was narrst du uns? Was gibst du dich als Menschen aus, wo du nur ein niedriges Tier bist?« –

Ich möchte wohl Zeuge davon sein, wie einer von diesem Gelichter..., um zu sehen, wie er sich dabei benimmt und was für Laute er dabei ausstößt, ob er seines Namens eingedenk ist und der Reden, die er hört, hält oder liest. –
Doch was hat das mit der Freiheit zu tun? – Gerade diese Dinge gehen sie an und keine anderen, mögt ihr Reichen damit einverstanden sein oder nicht! – Und was hast du für Beweise hierfür? – Wen anders als euch selbst? Ihr, die ihr den großen Herrn habt: ihr springt ja schon auf seinen Wink, eine Bewegung seiner Hand! Und wenn er einen von euch nur einmal ernst ansieht, fallt ihr schon in Ohnmacht, ihr, die ihr die alten Damen und Herren umwedelt und (bei jeder Gelegenheit) sagt: »Das kann ich nicht tun; das darf ich nicht!« Weshalb darfst du nicht? Hast du nicht eben mit mir gestritten und behauptet, du wärest frei? »Aber Aprylla hat es mir verboten!« – Sag die Wahrheit, du Sklavenseele, und suche nicht deinen Herren zu entlaufen; leugne nicht und wage es nicht, die Freiheit für dich zu beanspruchen, wo du solche Beweise deiner sklavischen Gesinnung gibst! Wahrhaftig, wenn einer von Liebeswahnsinn getrieben etwas wider seine wirkliche Überzeugung tut und doch zugleich das Bessere erkennt, aber nicht die Kraft hat, danach zu handeln – ihm könnte man noch eher ver-

zeihen, weil er im Bann einer Art Gewalt steht, einer dämonischen Macht sozusagen. Dich aber, wer könnte dich ertragen, der in die alten Damen und Herren vernarrt ist, ihnen die Nase putzt, sie wäscht, auf ihre Geschenke lauert, und wenn sie krank sind, wie ein Sklave bei ihnen Wärterdienste versieht und dabei heimlich um ihren Tod betet und die Ärzte aushorcht, ob es schon zum Letzten geht![47] Oder wenn du, um eins von diesen großen und erhabenen Ämtern und Ordensbändern zu erlangen, die Hände der fremden Sklaven küssest, damit du nicht einmal ein Sklave freier Menschen bist! Und dann stolzierst du feierlich einher, als Prätor oder als Konsul! Ich weiß nicht, wie du zu deiner Prätur gekommen bist, durch was für Schliche du dein Konsulat errungen hast, was für Leute es dir verschafft haben. Ich für meine Person möchte überhaupt nicht leben, wenn ich von der Gnade eines Felicio[21] abhinge, seine hochgezogenen Augenbrauen und das eingebildete Benehmen dieses Emporkömmlings ertragen müßte. Ich weiß ja, was es auf sich hat mit einem Sklaven, der im Glück sitzt, wie es scheint, und von hohlem Dünkel aufgeblasen ist. »Bist *du* denn frei?« sagt jener. Ich will es, wahrhaftig, bei den Göttern! und trachte danach, aber ich vermag noch nicht den Blick der Herren zu ertragen; noch achte ich den Körper und gäbe viel darum, wenn er ohne Gebrechen wäre, und habe ihn nicht einmal ohne Gebrechen. Aber ich kann dir einen Freien zeigen, damit du nicht mehr nach einem Vorbilde suchst. *Diogenes war frei.* – Wieso? – Nicht, weil er freier Eltern Sohn war (das war er ja nicht), sondern weil er es aus sich selbst war, weil er alle Handhaben der Knechtschaft abgeworfen hatte und niemand ihm etwas anhaben, niemand eine Blöße an ihm entdekken konnte, um ihn zu knechten. Alles hatte er leicht ablösbar, alles nur lose umgehängt. Wenn du an seine Habe Hand angelegt hättest, hätte er sie dir lieber hingegeben, als daß er um ihretwillen nachgegeben hätte. Wenn an sein Bein, hätte er sein Bein hingegeben, wenn an den ganzen Körper, den ganzen Körper und ebenso Verwandte, Freunde, Vaterland. Er wußte, woher er sie hatte, von wem und unter welchen Bedingungen. Aber seine wahren Vorfahren, die Götter, und sein wahres Vaterland, die hätte er niemals im Stich gelassen, nie wäre er hinter einem andern im Gehorsam gegen sie zurückgeblieben, und niemand wäre für dies Vaterland freudiger gestorben! Denn er trachtete niemals nach dem Schein, etwas für die Gesamtheit der Dinge[48] zu tun, sondern war sich stets bewußt, daß alles, was geschieht, von dorther seinen Ursprung nimmt und für jenes geschieht und letzten Endes von dem, der es regiert, angeordnet wird. Hör doch einmal, was er selbst sagt und schreibt[29]: »Deswegen kannst du dich, Diogenes, ebenso mit dem Perserkönig wie mit Archidamos von Sparta unterreden, ganz wie es dir beliebt.« – Etwa, weil er von freien Eltern abstammte? Ja, konnten denn sämtliche Athener, Spartaner und Korinther etwa deshalb, weil sie von Sklaven abstammten, mit ihnen nicht verkehren, wie ihnen beliebte, sondern waren voll Furcht und krochen vor ihnen? Was gibt er denn als Grund an, warum er es kann? »Weil ich den elenden Leib nicht als mein Eigentum betrachte, weil ich nichts bedarf, weil das (göttliche) Gesetz mir alles ist und sonst nichts auf der Welt!« – Das war es, was ihm seine Freiheit erhielt!

Und damit du nicht denkst, daß ich als Vorbild einen Mann hinstelle, der äußerlich unabhängig war, weil er weder Weib noch Kind, weder Vaterland noch Freunde und Verwandte hatte, durch die er von seinem Wege hätte abgedrängt und gehemmt werden können, so denk an Sokrates und vergegenwärtige dir ihn, der Weib und Kinder hatte, jedoch nur als fremdes Eigentum; das Vaterland, solange es nötig war, und so, wie es nötig war; Freunde, Verwandte und all solche Beziehungen ordnete er dem Gesetz unter und dem Gehorsam gegen dieses. Deswegen rückte er, als es in den Krieg ging, als erster ins Feld und setzte sich schonungslos der Gefahr aus. Und als ihn die Tyrannen[49] aussandten, um den Leon zu verhaften, dachte er überhaupt nicht daran, ihnen zu gehorchen, weil er es für ehrlos hielt. Und doch wußte er, daß er dann sterben müßte, wenn es der Zufall so wollte. Doch was lag ihm daran? Wollte er doch etwas anderes bewahren: nicht seinen sterblichen Leib, sondern den Charakter des Ehrenmannes, der sich scheut, unrecht zu tun. Das war ein unangreifbarer, unüberwindlicher Standpunkt. Und dann, als er sich vor Gericht verteidigen mußte – sein Leben hing davon ab –, benahm er sich da etwa, als ob er Weib und Kind hätte? Im Gegenteil: als ob er ganz allein stände! Und als er den Giftbecher trinken mußte, wie hielt er sich da? Wo er sich hätte retten können und Kriton zu ihm sagt[50]: »Flieh, deiner Kinder wegen!«, was erwidert er da? Hielt er dies Wort für einen glücklichen Vorwand? Er dachte nicht daran! Nur das Sittengesetz hatte er im Auge; kein anderer Gesichtspunkt kam für ihn in Betracht. »Ich wollte ja nicht mein Leben erhalten, sondern jenes Höhere, das durch die Gerechtigkeit gedeiht und erhalten, durch das Unrecht vermindert und zerstört wird.«[51] – Auf ehrlose Art rettet sich ein Sokrates nicht, der trotz der Forderung der Athener die Volksversammlung nicht abstimmen ließ, der sich um das Gebot der Tyrannen nicht kümmerte, der so erhaben über Tugend und Sittlichkeit mit seinen Freunden sprach. Für einen solchen Mann gibt es keine Rettung in Unehren; er behauptet sich, indem er stirbt, nicht, indem er flieht. Wahrt doch auch der gute Schauspieler seine Ehre, indem er zu rechter Zeit abtritt, nicht dadurch, daß er seine Rolle über die Zeit hinaus verlängert. – Doch was sollen nun seine unmündigen Kinder anfangen? »Wenn ich nach Thessalien verreist wäre, hättet ihr euch ihrer angenommen; wo ich aber in den Hades reise, wird sich da niemand um sie kümmern?«[52] – – Sieh, so freundliche Namen gibt er dem Tod und scherzt noch über ihn! Wenn aber ich und du in solcher Lage wären, gleich würden wir räsonieren, daß man Unrecht mit Unrecht vergelten müsse, und noch hinzusetzen: »Wenn ich mich rette, werde ich noch vielen Menschen nützlich sein können, aber wenn ich sterbe, niemandem«, und wenn es nicht anders ginge, würden wir durch ein Loch in der Mauer entwischen. Doch wieso hätten wir dadurch jemandem nützen können? Wie wären wir dann noch dieselben geblieben?[53] Und wenn wir im Leben nützlich waren, hätten wir nicht noch viel mehr dadurch den Menschen genützt, daß wir starben, als es sein mußte, und so, wie es sein mußte? Ist doch auch jetzt, wo Sokrates gestorben ist, die Erinnerung an das, was er im Leben getan und gesagt hat, nicht weniger nützlich oder gar noch mehr!

Hierin übe dich, in solchen Grundsätzen, solchen Gedankengängen; auf solche Vorbilder mußt du schauen, wenn du wirklich frei sein willst, wenn du so nach dem Ideal strebst, wie es dies verdient. Was ist es da verwunderlich, wenn du für eine so herrliche Sache solche Opfer bringen mußt? Zur Erhaltung der Freiheit in landläufigem Sinne hat schon mancher seinem Leben durch Selbstmord ein Ende gemacht, mancher sich in den Abgrund gestürzt, sind zuweilen sogar ganze Städte untergegangen, und da willst du zur Behauptung der wahren Freiheit, die nimmer straucheln, nimmer zu Fall kommen kann, wenn Gott von dir zurückfordert, was er dir gegeben hat, es ihm nicht zurückgeben? Willst du nicht, wie Platon sagt[54], dich bereit machen, nicht nur zu sterben, sondern auch gefoltert, verbrannt, mißhandelt zu werden und überhaupt alles, was nicht dir gehört, herzugeben? – –

Du wirst also Sklave unter Sklaven bleiben, und wenn du tausendmal Minister wirst und wenn du beim Kaiser verkehrst, trotz alledem; und wirst innewerden, daß zwar die Philosophen vielleicht Unerhörtes behaupten, wie schon Kleanthes sagte, aber nicht Unsinniges. Dann wirst du es wirklich begreifen, daß ihre Behauptungen wahr sind und die Dinge, die hier auf Erden bewundert und erstrebt zu werden pflegen, nichts wert sind für die, denen sie zufallen, während diejenigen, die sie noch nicht erhascht haben, sich einbilden, daß ihnen, wenn sie ihnen nur in den Schoß fielen, alles nur denkbare Glück widerfahren würde. Und wenn das »Glück« dann wirklich da ist, dann ist die Hitze ganz dieselbe wie früher, die Unruhe ganz dieselbe und ebenso der Ekel, die Gier nach dem, was man nicht hat. *Wird doch die wahre Freiheit nicht durch Befriedigung der Begierden gewonnen, sondern durch Ausrottung der Begierde.* Und damit du inne wirst, daß dies wahr ist, so übertrage, wie du dich wegen jener (vergänglichen) Dinge abgemüht hast, dein Bemühen nun auf diese. Versage dir den Schlaf, um eine Weltanschauung zu gewinnen, die wahrhaft frei macht, widme deine Aufmerksamkeit statt einem reichen alten Herrn einem Philosophen, laß dich in seinem Hörsaal sehen! Dann wirst du dich nicht bloßstellen, nicht leer und ohne Gewinn von dannen gehen, wenn du zu ihm mit der rechten Gesinnung gehst. Sonst mach wenigstens den Versuch; der Versuch macht keine Schande. [IV. 1]

Aus den Fragmenten

An einen, der über die Substanz der Dinge disputierte: »Was kümmert es mich«, sagte er, »ob aus Atomen oder dem ›Unendlichen‹ oder aus Feuer und Erde (und den beiden andern Elementen) die Welt besteht? Ist es nicht genug, wenn man das Wesen des Guten und Bösen und die Maße unseres Strebens und Meidens, unserer Neigungen und Abneigungen kennenlernt und nach ihnen als Richtschnur sein Leben einrichtet, dagegen den Dingen, die zu hoch für uns sind, ›Fahrwohl‹ sagt? Dingen, die vielleicht für die menschliche Erkenntnis unerreichbar sind – wenn man aber auch durchaus annehmen wollte, daß sie erkennbar seien, was für Nutzen hätten wir von dieser Erkenntnis? Muß man nicht zugeben, daß diejenigen sich unnütze Mühe machen, die diese Dinge als notwendig dem Gebiet der Philosophie zuweisen?« –
»Es ist doch nicht etwa auch das Gebot am Tempel zu Delphi überflüssig, das ›Erkenne dich selbst‹?« – Das freilich nicht, sagte er. – »Welches ist denn seine Bedeutung?« – Wenn man einem Chorsänger vorschriebe, sich selbst zu erkennen, würde dieser dann nicht auf die Vorschrift seinen Sinn richten, indem er

seine Aufmerksamkeit auf seine Mitsänger und auf den Einklang mit ihrem Gesang richtete? – »Gewiß.« – Und wie wäre es bei einem Seemann? Oder einem Soldaten? Scheint dir also der Mensch geschaffen zu sein, für sich allein zu leben, oder scheint er dir zur Gemeinschaft bestimmt? – »Zur Gemeinschaft.« – Von wem? – »Von der Natur.« – Wer sie ist und wie sie im Weltall waltet und ob sie vernunftbegabt ist oder nicht, braucht man sich darüber etwa keine Gedanken zu machen?[55] [1]

(Mensch und All)

Alles gehorcht dem Kosmos, ihm dient alles: Erde und Meer, die Sonne und die anderen Gestirne und alles, was da lebt und webt auf Erden. Ihm gehorcht auch unser Körper, der krank oder gesund ist, blüht und verwelkt und die anderen Wandlungen durchmacht, wie jener es bestimmt. Daher ist es wohlgetan, daß auch das, was in unserer Macht steht, d. h. unser Urteil, nicht allein ihm widerstrebt. Ist er doch gewaltig und stärker als wir, er, der zusammen mit dem Ganzen auch über uns waltet. Und außerdem verursacht der Widerstand, der unvernünftig ist und nichts weiter ausrichtet, als daß wir uns vergeblich sträuben, auch noch Kummer und Schmerzen. [3]

Von den Dingen hat Gott die einen in unsere Macht gegeben, die anderen nicht: in unsere Macht das Schönste und Wichtigste, wodurch auch er selbst glückselig ist: den Gebrauch der Vorstellungen. Denn wenn wir diese recht gebrauchen, so bedeutet das für uns Freimut, Wohlfahrt, Gemütsruhe und Beständigkeit; es bedeutet auch Recht, Gesetz, Selbstbeherrschung, überhaupt jede Tugend. Alles andere hat Gott nicht in unsere Macht gegeben. Daher müssen auch wir mit Gott übereinstimmen, in dieser Weise die Dinge einteilen und nach denen, die in unserer Macht sind, auf alle Weise trachten, dagegen diejenigen, die nicht in unserer Macht stehen, dem Kosmos anheimstellen und, mag er nun die Kinder, die Heimat, den Körper oder sonst etwas von uns fordern[56], dies ihm freudig überlassen. [4]

Wer von uns bewundert nicht die Handlungsweise des Spartaners Lykurg? – Es war ihm nämlich von einem seiner Mitbürger ein Auge ausgeschlagen worden. Darauf hatte ihm das Volk den Jüngling ausgeliefert, damit er sich an ihm rächen könne, wie es ihm beliebe. Er verzichtete jedoch auf die Rache; vielmehr erzog er jenen und machte ihn zu einem tüchtigen Mann. Dann nahm er ihn mit sich in die Öffentlichkeit. Als die Spartaner sich darüber wunderten, sagte er: »Diesen habe ich von euch als Frevler und Übeltäter bekommen; ich gebe ihn euch als ordentlichen und freundlichen Menschen zurück.«[57] [5]

Zu glauben, daß man den andern verächtlich sein werde, wenn man seinen Feinden nicht auf jede Weise Schaden zufügt – das ist das Zeichen eines unedlen und törichten Menschen. Freilich wird jemand auch, insofern er nicht imstande ist, einem zu schaden, für verächtlich gehalten. Aber weit mehr hält man einen deshalb für verächtlich, weil er nicht imstande ist, zu nützen. [7]

So war die Natur des Kosmos, so ist sie und so wird sie ewig bleiben[58], und es ist unmöglich, daß das Geschehen anders verläuft, als es jetzt der Fall ist. Und an diesem Wandel und Wechsel nehmen nicht nur die Menschen und die übrigen irdischen Wesen teil, sondern auch die göttlichen Dinge und – bei Gott! die vier Elemente selbst werden aufwärts und abwärts gewandelt und verändert:

Erde wird zu Wasser und Wasser zu Luft, und diese wieder verwandelt sich in Äther. Und die gleiche Art der Umwandlung findet auf dem Wege von oben nach unten statt. Wer versucht, seinen Sinn auf diese Tatsache zu wenden und sich willig dem Unabänderlichen zu beugen, der wird sein Leben voll Maß und Harmonie gestalten. [8]

Die Vorstellungen, durch die der Geist des Menschen unmittelbar beim ersten Innewerden eines äußeren Vorgangs einen Stoß erhält, sind nicht freiwillig oder willkürlich, sondern drängen sich mit einer Art Gewalt den Menschen ins Bewußtsein. Die Zustimmung aber, durch die ebendiese Vorstellungen als berechtigt anerkannt werden, ist freiwillig und geschieht infolge der bewußten Entscheidung des Menschen. Deshalb wird auch der Geist des Weisen, wenn irgendein schreckliches Geräusch, z. B. beim Gewitter oder beim Einsturz eines Gebäudes, an sein Ohr schlägt oder wenn ihn plötzlich die Nachricht von einer drohenden Gefahr oder ähnliches trifft, notwendigerweise einen Augenblick erschüttert und beklommen, nicht weil er die Meinung gefaßt hat, irgend etwas Schlimmes stehe ihm bevor – nein, es kommt vielmehr von gewissen plötzlichen und ungewollten Bewegungen, die dem

Dienst des Geistes und der Vernunft zuvorkommen. Aber alsbald versagt der Weise derartigen Vorstellungen seine Zustimmung; er verwirft sie und findet nichts Fürchterliches an diesen Erscheinungen. Und das ist der Unterschied zwischen dem Geist des Unweisen und dem des Weisen: der Unweise meint, daß die Dinge in Wahrheit so schlimm und so schrecklich seien, wie sie ihm beim ersten Eindruck erschienen sind, und daher billigt er die anfänglich gefaßten Vorstellungen auch noch nachträglich durch seine bewußte Zustimmung – als ob jene Dinge mit Recht zu fürchten seien. Der Weise dagegen versagt – mögen sich ihm auch Miene und Farbe auf einen Augenblick flüchtig gewandelt haben – jenen ersten Eindrücken seine Zustimmung und bewahrt seinen festen Standpunkt, den er solchen Vorstellungen gegenüber stets eingenommen hat, Vorstellungen, die in keiner Weise ernsthaft zu fürchten sind, sondern nur durch eine schreckliche Larve, hinter der nichts ist, einen unwillkürlichen Schauder einjagen. [9][59]

Als Archelaos den Sokrates eingeladen hatte, um ihm von seinem Reichtum abzugeben, ließ dieser dem König antworten: »In Athen kosten vier Liter Gerstengraupen einen Obolus, und Wasser spenden die Quellen in Fülle.« Wenn nämlich das Vorhandene für mich nicht genügt, so begnüge ich mich doch mit dem Vorhandenen, und so genügt auch dieses für mich. – Oder meinst du etwa, daß Polos[60] den König Ödipus mit schönerer Stimme oder mit mehr Zauber spielt als den Landstreicher und Bettler auf Kolonos?[61] Und da soll der tüchtige Mann durch Polos beschämt werden und nicht jede von der Gottheit zugewiesene Rolle gut spielen? Wird er nicht vielmehr den Odysseus nachahmen, der in seinen Lumpen nicht weniger hervorstrahlte als im purpurnen Königsmantel?[62] [11][63]

Aber man sieht doch, wie die ›Guten und Tüchtigen‹ vor Hunger und Kälte umkommen!«[64] – Siehst du vielleicht nicht, daß die *nicht* ›Guten und Tüchtigen‹ vor Schlemmerei und Prahlerei und vor Mangel an allem Guten und Schönen umkommen? – »Aber es ist eine Schande, sich von einem andern ernähren zu lassen.« – Du Narr, wer erhält sich denn überhaupt ganz aus sich selbst – mit Ausnahme des Kosmos?[65] – Wer daher die Vorsehung beschuldigt, daß die Schlechten keine Strafe erleiden, vielmehr noch von Gesundheit strotzen und Reichtümer aufhäufen, der könnte ebensogut behaupten: »Mögen sie auch ihre Augen verloren haben – Strafe haben sie darum nicht erlitten, sind doch ihre Fußnägel gesund!« – Denn das ist sicher: der Unterschied zwischen sittlicher Tüchtigkeit und dem Reichtum ist noch viel größer als der zwischen Augen und Fußnägeln! – – [13]

Wenn der Arzt nichts verordnet, dann zürnen ihm die Kranken und glauben, von ihm aufgegeben zu sein. Aber dem Philosophen gegenüber – warum ist man da nicht so gestimmt, daß man glaubt, betreffs seines sittlichen Zustandes von ihm aufgegeben zu sein, wenn er zu einem nichts von Bedeutung sagt? [19]

Diejenigen, mit deren Körper es gut steht, halten auch Hitze und Kälte und andere Strapazen aus. So lassen auch die, mit deren Seele es gut steht, Zorn und Kummer, übermäßige Freude und die anderen Gemütsbewegungen nicht über sich Herr werden. [20]

Wunderbar ist die Natur und – mit Xenophon zu reden[66] – voll Liebe zur Kreatur. Den Körper wenigstens, von allen Dingen das unerfreulichste und schmutzigste, lieben und pflegen wir. Wenn wir aber nur fünf Tage lang den Körper unseres Nachbarn besorgen sollten, so hielte das keiner von uns aus! Denn, mache dir nur einmal klar, was das heißen will: morgens nach dem Aufstehen die Zähne eines andern zu putzen und seine sonstigen Bedürfnisse zu befriedigen! Es ist wahrhaftig seltsam, eine Sache zu lieben, der wir täglich solche Dienste leisten müssen! – Ich fülle diesen Sack, dann entleere ich ihn. Was ist widerlicher als dies? – Doch ich muß Gott willfahren.[67] Deswegen harre ich aus und gewinne es über mich, diesen unseligen Leib zu warten, zu füttern und zu bedecken. – Als ich jünger war, begehrte er noch anderes von mir, und gleichwohl ertrug ich ihn. – Warum sträubt ihr euch daher, wenn die Natur euch den Körper nehmen will, sie, die ihn euch doch gegeben hat? – »Ich liebe ihn.« – Hat dir denn nicht auch ebendiese Liebe die Natur gegeben? Sie selbst sagt aber: »Laß den Leib fahren, dann hast du keine Plage mehr.«[68] [23][69]

Wenn du auf jemanden voll Erbitterung in drohender Haltung losgehst, dann vergiß nicht, dir vorher zu sagen: »Du bist sanftmütig.« – Und wenn dich dann die Leidenschaft nicht fortreißt, wirst du ohne Reue und ohne Schuld bleiben. [25]

Musonius über die Frage: »Ob die Ehe für den Philosophen ein Hindernis ist«

Als ein anderer behauptet hatte, daß ihm die Ehe und das Zusammenleben mit einer Frau ein Hindernis für den Philosophen zu sein schienen, erwiderte Musonius:

Für Pythagoras war es kein Hindernis, auch nicht für Sokrates oder Krates; sie alle waren verheiratet. Und niemand kann behaupten, daß andere bessere Philosophen gewesen wären als sie. Dabei war Krates ohne Heim und Hausrat, überhaupt völlig besitzlos, und trotzdem heiratete er. Und weil er kein eigenes Obdach hatte, brachte er mit seiner Frau Tag wie Nächte in den öffentlichen Säulenhallen Athens zu. Und da wollen wir, die wir ein Haus haben und manche sogar eine zahlreiche Dienerschaft, es trotzdem wagen, zu behaupten, daß die Ehe für die Philosophie ein Hindernis sei?

Der Philosoph ist doch für die Menschen Lehrer und Führer bei allem, was naturgemäß dem Menschen geziemt. Naturgemäß aber ist offenbar, wenn irgend etwas anderes, auch die Ehe. Warum hat denn der Schöpfer des Menschen zuerst unser Geschlecht in zwei Wesensarten geschieden, dann ihm zweierlei Schamglieder verliehen, das eine für das Weib, das andere für den Mann, und dann jedem der beiden Geschlechter heftige Begierde nach dem Verkehr und der Gemeinschaft mit dem andern eingepflanzt und beiden heftige Sehnsucht nacheinander erweckt, dem Mann nach dem Weibe und dem Weib nach dem Manne? Ist es nicht offenbar, daß er wollte, daß sie zusammen wären, zusammen lebten und das zum Leben Nötige zusammen miteinander beschafften? Und die Erzeugung und Aufziehung von Kindern zusammen besorgten, damit unser Geschlecht nicht ausstürbe?

Wie? Sag mir doch, ob es sich ziemt, daß jeder auch die Sache seines Nächsten wahrnimmt, damit Familien in seiner Stadt vorhanden sind, die Stadt nicht entvölkert wird und das Gemeinwesen gedeiht? Denn wenn du behauptest, daß man nur sein persönliches Wohl im Auge haben muß, so machst du den Menschen zu einem Ungeheuer, das sich in nichts von einem Wolf unterscheidet oder von einem anderen der reißendsten Tiere, die ihrer Natur nach von Gewalt und Übermacht leben, kein Wesen schonen, von dem sie einen Genuß zu erbeuten hoffen, bar jedes Gemeinschaftsgefühls, bar der Hilfsbereitschaft gegeneinander, bar jedes Gerechtigkeitssinnes sind.

Wenn du aber anerkennst, daß die menschliche Natur am meisten der der Biene gleicht, die nicht allein zu leben vermag – geht sie doch in der Vereinzelung zugrunde –, während sie an dem einen gemeinsamen Werk ihrer Artgenossen aus innerer Neigung mitwirkt und mit ihren Kameraden zusammenarbeitet; wenn sich dies so verhält und wenn ferner als Schlechtigkeit des Menschen Ungerechtigkeit, Roheit und Gleichgültigkeit gegen das Unglück des Nächsten gelten, dagegen als seine Tugend Menschenliebe, Güte, Gerechtigkeit, wohltätiger und fürsorglicher Sinn für den Nächsten, dann muß sich auch jeder einzelne um seinen Staat bekümmern und zum Nutzen dieses Staates eine Familie gründen. Grundlage aber der Familie ist die Ehe. Wer daher die Ehe unter den Menschen ausrotten will, der rottet die Familie, der rottet den Staat, ja, das ganze Menschengeschlecht aus. Denn dies kann ohne Zeugung nicht fortbestehen, und Zeugung, wenigstens solche, die sittlich erlaubt und gesetzlich ist, kann nur in der Ehe stattfinden. Es ist doch klar, daß eine Familie oder ein Staat weder nur aus Weibern noch allein aus Männern bestehen kann, sondern nur aus ihrer Lebensgemeinschaft miteinander.

Niemand aber dürfte wohl eine Gemeinschaft finden, die notwendiger und liebevoller wäre als die zwischen Mann und Weib. Denn welcher Freund ist dem Freunde so zugetan wie dem Gatten das Weib nach seinem Herzen? Oder welcher Bruder dem Bruder, welcher Sohn den Eltern? Wer wird, wenn er fern ist, so heiß ersehnt wie der Mann von seiner Gattin oder die Gattin von ihrem Mann? Wessen Gegenwart könnte wohl besser den Schmerz lindern, die Freude erhöhen oder über ein Unglück trösten? Welcher Bund außer der von Mann und Weib hat den Brauch, alles gemeinsam zu haben, Leib und Seele und allen Besitz? Daher halten auch alle Menschen den Bund von Mann und Weib für den ältesten von allen. Und keine Mutter und kein Vater, die vernünftig sind, verlangen, daß ihr eigenes Kind sie mehr liebt als seinen Ehegatten. Und wie sehr die Liebe der Eltern zu den Kindern hinter der des Weibes zu seinem Manne zurücksteht, scheint auch die alte Sage[70] zu offenbaren, daß Admetos, der von den Göttern die Vergünstigung erhalten hatte, noch einmal so lange zu leben, wie ihm ursprünglich bestimmt war, wenn er jemanden stellte, der an seiner Statt zu sterben bereit sei, von seinen Eltern nicht erlangen konnte, daß sie für ihn stürben, obgleich sie schon hochbetagt waren; dagegen nahm sein eheliches Weib Alkestis, obgleich sie noch in der Blüte der Jugend stand, den Tod für ihren Mann mit Freuden auf sich.

Daß aber die Ehe etwas Großes und Wertvolles ist, ergibt sich auch aus folgendem. Denn mächtige Götter, nach ihrer Verehrung bei den Menschen zu schließen, beschützen sie. Allen voran Hera; daher nennen wir sie die Ehegründerin. Dann Eros und Aphrodite. Denn wir glauben, daß all diese Gottheiten das Werk zustande gebracht haben, Mann und Weib miteinander zur Erzeugung von Kindern zusammenzuführen. Denn wo könnte sich Eros mit besserem Recht einstellen als zur rechtmäßigen Vermählung von Mann und Weib? Wo Hera oder Aphrodite? In welchem Zeitpunkt könnte jemand wohl passender zu diesen Göttern beten als bei seiner Hochzeit? Welches Werk könnten wir wohl treffender aphrodisisch nennen als die Vereinigung des Gatten mit der Gattin? Wie könnte man daher glauben, daß so mächtige Götter Ehe und Kindersegen unter ihrer Obhut und Fürsorge hätten, wenn sich diese für den Menschen nicht schickte? Und warum sollte sie wohl für den Menschen schicklich sein, aber für den Philosophen nicht? Etwa, weil der Philosoph schlechter als die anderen Menschen sein soll? Nein! Er soll ja besser, gerechter und tüchtiger sein! Oder etwa, weil der Mann, der gleichgültig gegen seinen Staat ist, nicht schlechter und ungerechter ist als der, der sich um das Wohl seines Staates bekümmert, und

der, der nur seinen persönlichen Vorteil sucht, besser ist als der, der das Heil der Gesamtheit im Auge hat? Oder weil der, welcher das Leben des Hagestolzes erwählt, mehr Patriotismus, Menschenliebe und Sinn für die Gemeinschaft hat als der, welcher eine Familie gründet, Kinder zeugt und so seinen Staat verstärkt, wie es eben der Ehegatte tut?
Es ist also offenbar, daß es sich für den Philosophen schickt, sich zu verheiraten und Kinder zu zeugen. Wenn sich dies aber schickt, wie kann dann, mein junger Freund, jene Behauptung richtig sein, die du vorhin aufstelltest, daß für den Philosophen die Ehe ein Hindernis wäre? Denn Philosoph-Sein bedeutet augenscheinlich nichts anderes als durch wissenschaftliche Erörterung ergründen, was sich schickt und ziemt, und dies durch die Tat vollbringen.

Anmerkungen

1 Vgl. Fragmente XI.

2 Den Glauben an Vorzeichen teilt Epiktet mit den meisten Stoikern; aber da das wahre Glück des Menschen allein in ihm selbst liegt, so ist für Epiktet der Glaube an Weissagungen und Vorbedeutungen gänzlich belanglos. Vgl. Diss. I 17. II 7, Handbüchl. Cap. 32.

3 Verse des Stoikers Kleanthes (fr. 527 Arnim), der von 264 bis 232 v. Chr. Haupt der Stoa war.

4 Verse des Euripides (fr. 965 Nauck).

5 Worte des Sokrates in Platons Kriton (43 d) und in der Apologie (30c).

6 Paetus Thrasea, bekannter römischer Senator, durch Freimut und Überzeugungstreue ausgezeichneter Republikaner, Anhänger der stoischen Philosophie, unter Nero wegen Opposition getötet.

7 Musonius Rufus, Lehrer Epiktets, im Jahre 65 n. Chr. von Nero aus Italien verbannt.

8 Unter Nero verbannt.

9 Aricia, kleine uralte Stadt Latiums, an der Appischen Straße, unweit Rom.

10 Pflanzen und Tiere.

11 Gemeint ist das Leben, das in der griechisch-römischen Popularphilosophie öfter mit der Reise eines Fremdlings verglichen wird.

12 Vgl. Platons Apologie 28e und 29c.

13 Vgl. Anm. 3.

14 Der »Beherrschende«, der »Lügner« und der »Ruhige«: berühmte altstoische Fangschlüsse, vor allem von Chrysipp behandelt.

15 Platon, Gesetze IX 854b.

16 Hesiod, Werke und Tage 413.

17 Die römische Senatorentunika mit dem breiten Purpursaum. Sprecher ist hier wohl Kaiser Domitian.

18 Sophokles, König Ödipus v. 1390.

19 »Umschlagende« (näml. Schlüsse), Kunstausdruck aus der altstoischen Logik, meint hypothetische Urteile, die unter gewissen Voraussetzungen aus wahren in falsche »umschlagen«.

20 Menoikeus, Sohn des Königs Kreon von Theben. Da der Seher Teiresias den Thebanern den Sieg über die Sieben prophezeit hatte, wenn sich einer der Nachkommen des Kadmos opfern würde, erstach sich der letzte Kadmide Menoikeus, um so seine Vaterstadt zu retten. – Das Beispiel stammt aus Euripides' Phoenissen v. 911 ff., wie das des Admetos aus der »Alkestis« desselben Dichters.

21 Felicio; der Name ist von Epiktet nach dem lateinischen Felix (etwa »Glückspilz«) gebildet, »um den Typus des verächtlichen, aber einflußreichen Sklaven zu zeichnen«.

22 Epaphroditos, bekannter höchst einflußreicher Freigelassener Neros; einer seiner Sklaven war zeitweilig Epiktet.

23 Pankration: »Allkampf«, eine altgriechische Art des Wettkampfes, die sowohl das Ringen wie den Faustkampf in sich schloß.

24 Der »Kreislauf der Kampfspiele« meint die sämtlichen vier großen griechischen Kampfspiele (olympische, isthmische, pythische, nemeische) zusammen, da sie zeitlich gewissermaßen einen Kreis bilden. – Wachteln richtete man ebenso wie Hähne gern zu Wettkämpfen ab.

25 Dieser Aristeides ist der Hauptvertreter der antiken erotischen Novelle, um 100 v. Chr. Seine »Milesischen Geschichten« wurden schon zu Sullas Zeit ins Lateinische

übersetzt; die Erzählungskunst des Autors und ihr vielfach obszöner Inhalt waren die Ursache ihrer weiten Verbreitung. Auch Eubios (so ist wohl mit Wilamowitz statt »Euenos« zu lesen) ist wahrscheinlich ebenfalls ein Vertreter dieser schmutzigen Erotik.

26 Im pseudoplatonischen Kleitophon 407a.

27 Verse der Ilias X 15. 91. 94f.

28 Anspielung auf Ilias XVIII 289.

29 Epiktet haben zweifellos unter Diogenes' Namen Diatriben und Briefe vorgelegen, die er für echt hielt, wie notorisch schon Cicero (Tuscul. V 92) solche gekannt hat.

30 Zitat aus Ilias II 25.

31 Worte aus Ilias XXII 69.

32 Vers aus Ilias II 24.

33 Ilias II 25.

34 Worte des Sokrates in Platons Kriton 43 d.

35 Ilias 6, 492f.

36 Thrasonides (»Frechling«) ist die Hauptfigur in Menanders berühmter Komödie »Misúmenos« (»Der Verhaßte«), Geta sein Sklave. Thrasonides hat sich sterblich in eine Kriegsgefangene verliebt, die er sich aus dem Felde als Beute mitgebracht hat, die ihn aber nicht ausstehen kann, so daß er vor Verzweiflung allein in die dunkle Nacht hinausstürmt. Leider sind von der Komödie nur wenige Bruchstücke erhalten.

37 Der Text des Satzes ist zum Teil verderbt, daher der Sinn nicht ganz sicher.

38 Bei der Freilassung eines römischen Sklaven mußte der zwanzigste Teil = 5% seines Kaufpreises als Steuer entrichtet werden (vicesima libertatis). Auch diese Steuer wurde an Unternehmer verpachtet, die daher »Zwanzigstel-Pächter« hießen.

39 Dem römischen Konsul gehen bei Amtshandlungen zwölf Liktoren voraus, die jeder ein Rutenbündel (darin ein Beil) als Symbol der Staatshoheit tragen.

40 An dem römischen Fest der Saturnalien, das am 17. Dezember begann und im Zeichen allgemeiner Ausgelassenheit stand, die auch den Sklaven erlaubt war, wurden diese von ihren Herren bewirtet.

41 Zitat aus Platons Sophistes 222 b.

42 Schwiegersohn und Gesinnungsgenosse des Paetus Thrasea, im Senat ebenfalls freimütiger Vertreter der Opposition gegen die kaiserliche Regierung; Gegner Vespasians, der ihn erst verbannen, dann hinrichten ließ.

43 S. Anm. 24 Ende.

44 Das Wort »Skorpion« von mir für das Wort »Wespe« des griechischen Textes gesetzt, weil letzteres im Deutschen eine andere Vorstellung erweckt, als Epiktet beabsichtigt.

45 Vgl. Anm. 3.

46 Der Sinn dieses Satzes ist nicht ganz klar, da der griechische Text zum Teil verderbt ist.

47 Epiktet geißelt hier die greuliche Art der Erbschleicherei in Rom, die wir insbesondere aus Horaz' Satiren (II 5) kennen.

48 Der Text ὅλων ist hier augenscheinlich verderbt.

49 Die dreißig Tyrannen zu Athen 403 v. Chr.

50 Platon, Kriton 45 c.

51 Platon, Kriton 47 d.

52 Platon, Kriton 54 a.

53 Der Text ist hier verderbt.

54 Platon, Phaidon 64 a, Staat II 361 e.

55 Die Übersetzung dieses Fragments ist an einigen Stellen infolge noch nicht geheilter Textverderbnisse zweifelhaft.

56 D. h. wenn unsere Kinder oder wir sterben oder in die Verbannung gehen müssen.

57 Die Geschichte ist eingehend im 11. Kapitel von Plutarchs »Lykurg« erzählt. Dort ist auch der Name des Jünglings (Alkandros) genannt. Dieser soll, wie viele andere, durch die Einführung der Syssitien (der gemeinschaftlichen Männermahle) gegen Lykurg erbittert worden sein.

58 Im Vorhergehenden, das nicht erhalten ist, muß von der unablässigen Veränderung aller Dinge, die sich mit innerer Notwendigkeit als Auswirkung des göttlichen Logos vollzieht, die Rede gewesen sein. Diese Anschauung von dem »Fluß aller Dinge« haben die Stoiker bekanntlich von Herakleitos übernommen (vgl. fr. 12 und 91 Diels). Noch auf Goethe hat sie tief gewirkt: »Ach, und in demselben Flusse schwimmst du nicht zum zweitenmal.« – Für den praktischen Epiktet ist sie übrigens nur von geringer Bedeutung; ganz anders bei dem einsamen Grübler Mark Aurel. – Auch die unaufhörliche Wandlung der Elemente ineinander (der Begriff Element in modernem Sinn als eine qualitativ unveränderliche Substanz ist dem Herakleitos noch ebenso fremd wie der Stoa) hat zuerst H. gelehrt, vgl. fr. 31 und 76 Diels. Nur kennt er noch keine vier Elemente, da diese erst Empedokles gelehrt hat, von dem sie die Stoiker übernommen haben. – Beim Prozeß der Weltbildung ist nach Herakleitos das Werden der Dinge aus dem Urfeuer »der Weg nach unten«, wie umgekehrt bei der Weltzerstörung deren Rückverwandlung in das Feuer »der Weg nach oben«. (Vgl. Diels, Herakleitos von Ephesos S. 15 zu fr. 60.) Denn die stoffliche Veränderung ist für ihn, wie später für die Stoa, zugleich Ortsveränderung. Das zu Feuer Werdende strebt aufwärts, das zu Wasser bzw. Erde sich Wandelnde abwärts. – Übrigens findet in der Jetztzeit nur ein teilweiser Übergang der Elemente ineinander statt. Aber auch dieser wird von den Späteren, z. B. den Stoikern, oft als der Weg

von oben nach unten und umgekehrt bezeichnet. – Der Äther ist das erste der vier stoischen Elemente. Er ist »feines Feuer«, aber von dem irdischen Feuer nicht nur durch seine größere Feinheit, sondern vor allem durch seine Potenz (als schöpferische Kraft) durchaus unterschieden.

59 Dies Fragment zeigt in höchst anschaulicher Weise, wie die Stoa das Ideal des Weisen den Zufälligkeiten des täglichen Lebens gegenüber aufrechtzuerhalten sucht.

60 Ein berühmter Schauspieler damals.

61 Anspielung auf die beiden sophokleischen Dramen »König Ödipus« und »Ödipus auf Kolonos«.

62 Anspielung auf Odyssee 18, 74 (und 19, 225), wo die Freier vom unerkannten Bettler sagen: »Welch mächtigen Schenkel läßt der Alte aus seinen Lumpen hervorscheinen!«

63 Zum Gedanken des Ganzen vgl. Handbüchlein Kapitel 17. Der Vergleich des Weisen mit dem guten Schauspieler geht auf Bion von Borysthenes (in der ersten Hälfte des dritten Jahrhunderts v. Chr.) zurück.

64 Das Fragment enthält ein Stückchen der stoischen Theodizee. Im Vorhergehenden wird vermutlich von der Glückseligkeit des sittlich Tüchtigen die Rede gewesen sein. Gegen die landläufigen Einwürfe, wie sie von gegnerischer (skeptischer und epikureischer) Seite gegen diese Grundlehre der Stoa erhoben wurden, wendet sich das Fragment.

65 Nur der Kosmos ist vollkommen, αὐτοτελής, d.h. er hat seinen Zweck in sich selbst, er allein erhält sich durch eigene Kraft. Denn selbst die göttlichen Gestirne bedürfen der Ernährung durch die Ausdünstungen des Meeres bzw. der irdischen Gewässer.

66 Denkwürdigkeiten I 4, 7.

67 D.h. da er es einmal so eingerichtet hat.

68 Der Selbstmord ist bekanntlich nach stoischer Lehre erlaubt.

69 Der Inhalt dieses Fragments wird den modernen Leser zunächst befremden. Es ist aber für die kynische Seite in Epiktets Wesen zu charakteristisch, als daß es hier fehlen dürfte. Und die Sache, von der es handelt, ist so alt und so jung wie das Menschengeschlecht selbst. Denn das Problem, das Epiktet hier berührt, wird so lange existieren, wie es Menschen mit Fleisch und Blut geben wird.

70 Von Euripides ist das Motiv in der »Alkestis« verwertet.

Nachwort

I

Ein vornehmer Provinzialrömer, der zum Prinzenerzieher und Minister am Kaiserhof aufstieg – also Seneca; ein hinkender Halbgrieche aus Kleinasien, erst Sklave, dann Freigelassener, der schließlich in einer Hafenstadt an der Küste von Epirus mit Lehrvorträgen über richtige Lebensführung sein Brot verdiente – also Epiktet; ferner der Philosoph auf dem Kaiserthron, der in rastlosen Kämpfen die von überallher in das Römische Reich eindringenden Feinde abzuwehren suchte – also Mark Aurel: diese drei nach Herkunft und Wesensart grundverschiedenen Männer haben sich derselben Weltanschauung, demselben strengen Wertekodex verpflichtet geglaubt; sie waren Stoiker und legen von ihrem Stoizismus durch erhaltene Schriften ein bis heute lebendiges Zeugnis ab.
Durch erhaltene Schriften: dieser Umstand zeichnet sie vor nahezu allen anderen aus, die sich ebenso wie sie zur stoischen Lehre bekannten. Die Stoa war etwa ein halbes Jahrtausend eine unter Griechen und Römern kontinuierlich wirkende geistige Macht: von ihren Anfängen im frühhellenistischen Athen (um

300 v. Chr.) bis zu ihrem Verschwinden gegen Ende der Adoptivkaiserzeit (um 200 n. Chr.). Die moderne Philosophiegeschichte hat ihren Gang durch die Jahrhunderte in drei Phasen eingeteilt: sie unterscheidet zwischen ›alter‹, ›mittlerer‹ und ›jüngerer‹ Stoa. Und die drei Genannten, deren Lebensdaten aneinandergrenzen oder sich um wenige Jahre überschneiden – Seneca, der im Jahre 65 auf Befehl Neros Hand an sich legen mußte, sowie Epiktet, der um das Jahr 130, und Mark Aurel, der im Jahre 180 n. Chr. starb –, gehören allesamt der jüngeren, der kaiserzeitlichen Stoa an, und fast nur von ihnen haben, wie erwähnt, größere zusammenhängende Texte, mehr oder minder vollständige Werke, die Zeiten überdauert; nur sie sprechen noch unmittelbar und in ihren eigenen Worten zu uns.

Nicht als ob die alte und mittlere Stoa uns unbekannt wären. Diogenes Laertios, der antike Philosophiehistoriker (2. Jahrhundert n. Chr.), hat dem Schulgründer Zenon und dessen Nachfolgern ein ganzes Buch gewidmet. Ein ebenso wichtiger Zeuge ist Cicero: seine philosophischen Dialoge geben großenteils stoische Lehren, zumal aus den Bereichen der Ethik und der Theologie, wieder, und die Abhandlung De officiis, »Von den Pflichten«, folgt in freier Übersetzung einer Schrift des Panaitios, der als der Inaugurator der mittleren Stoa gilt. So geht es fort: auch die Autoren der Kaiserzeit, etwa der ebenso gelehrte wie vielseitige Plutarch oder der Arzt Galen und nicht zuletzt die Kirchenväter, haben eine Fülle von Zeugnissen – Resümees, Paraphrasen und wörtliche Zitate – bewahrt, so daß moderner Forscherfleiß recht genau hat rekonstruieren können, wie das System und die Doktrin der älteren Stoa beschaffen waren.

Als ›Stoa‹ bezeichneten die Griechen eine langgestreckte Halle mit offener Vorderseite. Von einem Bauwerk dieser Art, von der Stoa poikile, einer bunt ausgemalten Wandelhalle am Markt zu Athen, hat die ebenso geheißene philosophische Schule oder Richtung ihren Namen: dort pflegten Zenon und alle seine Nachfolger ihren Unterricht zu erteilen. Die Stoa war die jüngste der vier großen Philosophenschulen Athens; sie entstand, weil ihr Gründer die wahre Lehre des Sokrates zu erneuern suchte, von der die übrigen Systeme – die Akademie Platons, der Peripatos des Aristoteles und der ›Garten‹ Epikurs – sich entfernt hätten, und weil er sich hiermit durchsetzte. Zenon und die Schulhäupter nach ihm, darunter der als Schriftsteller überaus fruchtbare Chrysipp, glaubten nämlich, daß es Sokrates vor allem auf eine rigorose Ethik, auf eine unerbittlichen Grundsätzen gehorchende Lebensführung angekommen sei, die niemand so konsequent verwirklicht habe wie der bedürfnislose Kyniker Diogenes, der anekdotenumrankte Bewohner eines Fasses, und so verkündeten sie mit Berufung auf Sokrates und Diogenes eine Lehre, die einzig die Tugend, den sittlichen Wert als Kriterium erfüllter oder verfehlter menschlicher Existenz anerkannt wissen wollte. Es komme, behaupteten sie, für eine erfüllte Existenz, für die ›Glückseligkeit‹, überhaupt nicht auf die sogenannten äußeren Dinge, auf Reichtum, Macht, Gesundheit usw., an, sondern lediglich auf die aus eigenem Entschluß befolgten Maximen des Handelns, auf die Fähigkeit, bei allem Tun und Lassen harten ethischen Anforderungen zu genügen. »Der Weise lacht auf der Folter«: mit diesem und mit ähnlichen Sätzen suchte die alte Stoa darzutun, wie weit die Unabhängigkeit, die Autarkie dessen reiche, der sich durch nichts anderes als durch seinen inneren Wert und sein Bewußtsein davon bestimmen lasse.

Für heutige Ohren klingt diese Botschaft paradox, und als geradezu unverständlich erscheint die Tatsache, daß, wie Dilthey einmal feststellt, der sittliche Rigorismus, der Glaube an die Tugend als einzige Quelle des Glücks der Stoa den stärksten und dauerhaftesten Einfluß verschaffte, den je eine philosophische Ethik hat erringen können. Man muß indes bedenken, daß diese Einseitigkeit den, der sich ernsthaft zu ihr bekannte, unangreifbar machte: wer von sich aus zu allem Distanz hielt, worüber der einzelne keine unbedingte Verfügungsgewalt hat, war gegen alle Wechselfälle des Lebens gefeit; er brauchte sich auch dann nicht als um sein ›Glück‹ gebracht und als gescheitert anzusehen, wenn ihm die Umstände so gut wie alles vorenthielten.

Außerdem wurde die Schroffheit der altstoischen Forderungen gemildert – ein Verdienst, das vor allem Panaitios, dem ersten Schulhaupt der mittleren Stoa (etwa 180-110 v. Chr.), zukommt. Er war mit dem jüngeren Scipio Africanus, dem bedeutendsten Politiker und Feldherrn jener Zeit, befreundet; er wandte sich mit seinen Lehren vornehmlich an die römische Aristokratie und verhalf ihnen hierdurch zu weiter und dauerhafter Geltung. Für outrierte Dogmen hatten die praktisch eingestellten Römer nichts übrig; Panaitios kam diesem Umstande dadurch entgegen, daß er zwei neue Gedanken einführte, welche die altstoische Ethik, ohne offen mit ihr zu brechen, erheblich annehmbarer machten. Zum einen interpretierte er den von Zenon und Chrysipp überkommenen Grundsatz, daß der Mensch ein der Natur gemäßes Leben führen müsse, in einer Weise, die dem Individuum, der Persönlichkeit jedes einzelnen mehr Spielraum gewährte: das naturgemäße Leben, lehrte er, sei ein gemäß den uns von der Natur verliehenen, je verschiedenen Anlagen geführtes Leben. Zum anderen schwächte er einen Kontrast ab, den die alte Stoa nicht grell genug hatte hervorheben können: den Kontrast zwischen dem ›Weisen‹ als jemandem, der im vollen Besitz der stoischen Ethik nicht den geringsten Fehler begeht, und seinem jämmerlichen Gegenbild, dem ›Toren‹. Panaitios hingegen deutete die Figur des ›Weisen‹ als ein Ideal, dem man sich in zähem Bemühen annähern müsse; an die Stelle einer starren Antithese trat die Vorstellung eines allmählichen Prozesses, den der Lernende, der ›Fortschreitende‹ durchmachen müsse.

Die Stoa war mit einem kompletten System ans Licht getreten, bestehend aus den Bereichen Logik, Physik und Ethik. Die zuletzt genannte Disziplin spielte von Anfang an die Hauptrolle; sie verbürgte das Ziel allen stoischen Philosophierens, das Lebensglück des einzelnen, und ihr hatten die beiden anderen Zweige, die Logik oder formale Kunst des korrekten Argumentierens und die Physik oder Welterklärung, Hilfsdienste zu leisten. Die Physik zumal sollte dartun, daß göttliche Fürsorge den gesamten Kosmos und alle Einzelheiten in ihm aufs zweckmäßigste eingerichtet habe; sie unterstützte so das Bestreben der Ethik, den

einzelnen zu widerspruchsloser Anerkennung der Weltordnung anzuleiten.
In der Kaiserzeit traten diese Bemühungen, denen der bedeutende Kosmologe und Naturforscher Poseidonios, der Schüler des Panaitios (etwa 135-51 v. Chr.), zu einem letzten Höhepunkt verholfen hatte, noch mehr zurück: stoisches Philosophieren lief jetzt nahezu gänzlich auf Reflexionen über die richtige Lebensführung hinaus. Das erbauliche Moment herrschte vor; die Autoren, die dem offenbar ziemlich verbreiteten Bedürfnis nach sittlicher Belehrung nachzukommen suchten, schlugen hierbei teils einen mild-präzeptoralen, teils einen volkstümlich-predigtartigen Ton an. Die Monarchie brachte ein neues Problem mit sich: Willkürherrscher wie Nero oder Domitian stellten die überzeugten Stoiker, die in den Kreisen der römischen Aristokratie ziemlich zahlreich waren, nicht selten vor die Wahl zwischen gesinnungsloser Kriecherei und lebensgefährlicher Opposition. Diesen Konflikt hatten allerdings im allgemeinen nur die Angehörigen einer kleinen Oberschicht zu bestehen. Dem im ganzen Reich verbreiteten bürgerlichen Mittelstand ging es meist um Nöte, die auch die guten Kaiser und der fast ohne Unterbrechung herrschende Friede nicht verhindern konnten: um Mißgeschicke und Unglücksfälle der

privaten Sphäre, um Vermögenseinbußen, Krankheit oder Tod. Hier diente die stoische Ethik vielen Menschen als Reservoir für Trostargumente; sie gab ihnen die Gesichtspunkte an die Hand, deren sie bedurften, die Bedrängnisse ihres Lebens aus eigener Kraft und ohne Rekurs auf metaphysische Spekulationen zu meistern.

2

Die Stoa wollte von nationalen Unterschieden nichts wissen und sah auch im Sklaven zuallererst den Menschen, der menschlich behandelt zu werden verdiente: es ist, als ob Epiktet, der Fremde, der Sklave, die Gültigkeit dieser stoischen Maximen hat illustrieren sollen. Daß sich seine Lebensdaten nur annäherungsweise bestimmen lassen – nämlich auf die Jahre von etwa 50 bis 130 n. Chr. –, besagt nicht viel: die sind auch bei hochmögenden Zeitgenossen, etwa bei dem Geschichtsschreiber Tacitus, in einiges Dunkel gehüllt. Doch schon der Name scheint von der niederen Herkunft zu zeugen: epiktetos bedeutet »hinzuerworben«. Und die Bewohner der kleinasiatischen Landschaft Phrygien, zu der Hierapolis, die Heimatstadt Epiktets, gehörte, waren wenig angesehen: sie galten als ungewöhnlich dumm und faul.

Epiktets Aufstieg begann damit, daß er – wahrscheinlich in jungen Jahren – aus der entlegenen Provinz in die Hauptstadt des Reiches, nach Rom, gelangte. Sein dortiger Herr namens Epaphroditos war ein Freigelassener Neros: wohl eben jener Epaphroditos, der dem bedrängten Kaiser den Dolch in die Kehle stoßen half und dafür unter Domitian mit dem Leben bezahlen mußte. Daß dieser hochgebildete Mann, dem Josephus Flavius seine »Jüdischen Altertümer« und andere Schriften widmete, seinen Sklaven Epiktet lahm geschlagen hat, wie ein Teil der Überlieferung behauptet, verdient kaum Glauben; es steht ja andererseits unzweifelhaft fest, daß er ihn erst bei dem Stoiker Musonius studieren ließ und ihm dann die Freiheit schenkte.

Gaius Musonius Rufus, ein römischer Adliger aus Etrurien, unterwies mit großem Erfolg junge Leute in der stoischen Philosophie. Er wurde von Nero, dem nach der Aufdeckung einer Verschwörung auch viele Unbeteiligte verdächtig waren, auf die Kykladeninsel Gyaros verbannt. Er durfte nach Neros Tod zurückkehren; er mußte indes unter Vespasian die Hauptstadt abermals für einige Zeit verlassen. Von seinen Vorträgen blieb eine Anzahl längerer Fragmente erhalten; ein gewisser Lucius hatte sie aufgezeichnet und publiziert. Musonius bediente sich in seinen Darlegungen der griechischen Sprache, wie auch andere Römer seiner Zeit, wie insbesondere ein Jahrhundert später Kaiser Mark Aurel. Er beschränkte sich ziemlich rigoros auf ethische Fragen, wobei er sich als nüchterner Praktiker vor allem der Lebensführung im Alltag annahm. »Daß man die Mühe verachten soll«, »Ob man in allem den Eltern gehorchen muß«, »Von den Beziehungen der beiden Geschlechter«, »Von der Ernährung« lauten einige seiner Themen; römische Denkweise scheint sich darin zu bekunden, daß er für die Gleichstellung der Geschlechter, für Frauenbildung und für die Koedukation von Jungen und Mädchen eintrat. Daß er hierbei die Familie als Keimzelle des Staates nicht aus dem Auge verlor, zeigt die in diesen Band aufgenommene Probe »Ob die Ehe für den Philosophen ein Hindernis ist«.

Epiktet mag um das Jahr 80, nach dem Tode des Musonius, selbst als Lehrer der Weisheit tätig geworden sein. Um dieselbe Zeit hatte mit Domitian wieder einmal ein tyrannisch regierender Kaiser den Thron bestiegen. Epiktet bekam, so wenig Angriffsflächen seine der privaten Sphäre zugewandten Vorträge boten, die harte Hand des subversive Elemente fürchtenden Herrschers zu spüren: ein Erlaß der neunziger Jahre verwies ihn und seine Berufskollegen aus Rom und Italien. Er ging nach Nikopolis, der »Stadt des

Sieges«, einer Gründung des Augustus, die an die Entscheidungsschlacht bei Actium (31 v. Chr.) erinnern sollte. Der Ort, ein Hafen an der epirotischen Küste, lag günstig: man konnte ihn von Griechenland und von Italien aus gleichermaßen leicht erreichen. Hier hat Epiktet bis an sein Lebensende doziert. Er hatte viel Zulauf; er war begehrt als Berater und Seelsorger und soll sich der besonderen Gunst des philhellenischen Kaisers Hadrian erfreut haben.

Epiktet hat wie sein Vorbild Sokrates und wie sein Lehrer Musonius kein Schriftwerk hinterlassen; er wirkte einzig durch das gesprochene, zu unmittelbarem Handeln anleitende Wort. Doch auch bei ihm fand sich ein Zuhörer, der seine Vorträge und Gespräche aufzeichnete und so der Nachwelt eine lebendige Vorstellung von seiner Lehre vermittelte. Dies war Flavius Arrianus aus Nikomedien (Nordwest-Kleinasien), ein vornehmer Grieche, der später eine glänzende Karriere in der Reichsverwaltung absolvierte und sich schließlich als Geschichtsschreiber, insbesondere als Verfasser einer kritischen Alexanderbiographie, hervorgetan hat. Arrian stenographierte also mit, was Epiktet seinen Schülern darbot, und er bewahrte offensichtlich von dem Inhalt und der Ausdrucksweise des Aufgenommenen ein ziemlich unverfälschtes Bild. Seine eigenen Werke sind nämlich in attischem Griechisch verfaßt, d.h., sie suchen durch Wortschatz und Stil den Prosaschriftstellern des klassischen Zeitalters, insbesondere Xenophon, nahezukommen. Seine Wiedergabe der Vorträge Epiktets hingegen spiegelt die Koine, die damals übliche griechische Verkehrssprache, wie das Neue Testament, dessen jüngste Teile um dieselbe Zeit entstanden sind.

Es ist nicht alles erhalten, was Arrian aufgeschrieben und nach dem Tode seines Lehrers veröffentlicht hat. Wir besitzen vier Bücher mit Vorträgen, die in den Handschriften den Titel »Diatriben« tragen. Hierzu kommt noch das »Encheiridion« oder »Handbüchlein«, eine von Arrian hergestellte Zusammenfassung der wichtigsten Lehrsätze: diese kleine Abhandlung avancierte bald zur meistgelesenen, berühmtesten Hinterlassenschaft Epiktets. Außerdem sind etwa zwei Dutzend längerer Zitate oder Fragmente bewahrt geblieben; sie scheinen weiteren Büchern mit »Diatriben« zu entstammen, die als Ganzes verloren sind.

Das Wort diatribe bedeutet von Hause aus »Zeitaufwand«, »Beschäftigung«, »Unterhaltung«; seit hellenistischer Zeit kennzeichnete es einen bestimmten Typus volkstümlicher philosophischer Unterweisung. Die Diatribe in diesem Sinne war ein kunstloser

Vortrag über eine Maxime meist ethischen Inhalts. Sie zielte auf Eindringlichkeit und Lebendigkeit; eines ihrer bevorzugten Mittel bestand darin, daß sich der Vortragende selbst Fragen stellte und Einwände machte, auf die er alsbald Bescheid zu geben suchte. Die Diatribe wartete gern mit Wortwitzen und derben Ausdrücken auf, und sie würzte ihre Darlegungen oft mit Zitaten, Anekdoten und historischen Beispielen. Ihr formales Repertoire nahm somit manchen Zug der populären christlichen Predigt vorweg. Die von ihr dargebotene Lebenshilfe hatte in hellenistischer und römischer Zeit einen überaus aufnahmebereiten Markt; Wanderredner stoischen, kynischen und sonstigen Gepräges wetteiferten in der teils ernsten, teils heiteren Verbreitung moralischer Grundsätze und Erfahrungsregeln. Das meist ›subliterarische‹ Genre befruchtete auch die höhere Literatur: Charakteristika der Diatribe finden sich bei Cicero, Horaz, Seneca, Plutarch und anderen.

3

Epiktet ging nicht nach Athen, zum angestammten Sitz der Stoa. Zwar wich er in seiner Unterweisung nirgends vom altüberkommenen Schuldogma ab; er strebte nicht nach Originalität, sondern gab weiter, was er von Musonius und aus der Literatur gelernt hatte. Seine Eigenart ist im Stil, in der Form beschlossen; er wollte nicht künftige Fachleute, sondern Laien anleiten, und dies war wohl auch der Grund, weshalb er sich mit Nikopolis begnügte: ihm lag weniger noch als anderen Stoikern seiner Zeit an bloßer Theorie. Er verlor sich nicht im Schulgezänk; er mied Polemik und Rechthaberei – es ging ihm stets ums Grundsätzliche, und zwar einzig um der Praxis willen. Die Diatribe war gewiß das ihm gemäße Ausdrucksmittel. Aber er formte sie nach seinem Geschmack, der alles Grelle und Pöbelhafte von sich wies. Seine Sache war ihm zu wichtig, als daß er sich erlaubt hätte, Unterhaltsames in seine Darlegungen einfließen zu lassen: alles Streben nach Faßlichkeit und Anschaulichkeit diente dem Zweck, den Hörern mit Nachdruck die Notwendigkeit einer sittlichen Lebensführung vor Augen zu stellen.

Ein stoischer Gemeinplatz besagte, daß es dreierlei Dinge gebe: Güter, Übel und Gleichgültiges (Adiaphora); als Güter und Übel galten das sittlich richtige Verhalten und dessen Gegenteil, während zum Gleichgültigen alles Äußere, wie Schönheit, Reichtum, Ehre, zählte. Epiktet reduzierte diese Dreiteilung auf eine Antithese. »Von den Dingen stehen die einen in unserer Gewalt, die anderen nicht. In unserer

Gewalt stehen: unsere Meinung, unser Handeln, unser Begehren und Meiden – kurz: all unser Tun, das von uns ausgeht. Nicht in unserer Gewalt stehen: unser Leib, unser Besitz, Ansehen, äußere Stellung – mit einem Worte: alles, was nicht unser Tun ist.« Mit diesen lapidaren Sätzen läßt Arrian das »Encheiridion« beginnen – gewiß im Sinne seines Lehrers, der nicht müde wird, das dem Menschen Verfügbare vom Nichtverfügbaren, das von ihm zu Verantwortende vom Nichtzuverantwortenden zu trennen und ihn auf das Verfügbare, zu Verantwortende als auf das für sein ›Glück‹, für seine menschenwürdige Existenz einzig Wesentliche zu verweisen. Man müsse wählen und konsequent sein, lehrt Epiktet: wer sich auf die Dinge der Welt einlasse, könne nicht um seine Seele besorgt sein und umgekehrt; man richte sein Streben entweder aufs Innere oder aufs Äußere – ein Kompromiß zwischen den beiden Sphären sei nicht denkbar. »Es ist nicht leicht«, lautet eine der zahlreichen Variationen dieser Hauptmaxime von Epiktets Ethik, »seine Seelenverfassung so zu erhalten, wie die Natur es verlangt, und zugleich die äußeren Verhältnisse zu berücksichtigen, sondern es gibt nur ein Entweder–Oder: wer sich um das eine bekümmert, der muß das andere vernachlässigen.«

Die äußeren Umstände können nur dann Gewalt

über den Menschen erlangen, wenn sie in ihm selbst Unterstützung finden: durch die Begierden und Leidenschaften, die ihn zu falschen Entscheidungen verführen. Die sprichwörtliche ›stoische Ruhe‹ gehört daher ebenso wie das Autonomieprinzip zu den Grundgedanken der Ethik Epiktets; sie erscheint dort traditionsgemäß als Apathie, als »Leidenschaftslosigkeit« (nicht: »Stumpfheit«), oder als Ataraxie, als »Unerschütterlichkeit«. Es gelte, verlautet in der großen, »Von der wahren Freiheit« betitelten Diatribe zu Beginn des 4. Buches, die Burg in uns und die Tyrannen in uns zu Fall zu bringen. Man lasse den sterblichen Leib fahren, den irdischen Besitz, den Ruf bei unseren Mitmenschen, die Verwandten und Freunde und alles übrige, was man für fremd halten müsse. Wer die inneren Tyrannen verjagt habe, das Streben nach Fremdem und die Furcht darum, über den vermöchten auch die äußeren Tyrannen nichts, die Schicksalsschläge und vermeintlichen Unglücksfälle. »Und wie ist das möglich? Ich habe all mein Dichten und Trachten Gott anheimgestellt. Er will, daß ich Fieber habe; auch ich will es. Er will, daß ich etwas erreiche; auch ich wünsche es. Will er es nicht, will auch ich es nicht. Ich bin bereit zu sterben, mich foltern zu lassen. Wer kann mich da noch hindern oder zwingen, gegen meine Überzeugung zu handeln?« Epiktet bekennt sich hier zum stoischen Fatalismus, zu einer Schicksalsergebenheit und Gelassenheit, die keine Grenzen kennt; sie ist seine Religion. Der Kaiser vermag nur Kriege zu verhindern und Räuberbanden zu bekämpfen; schon gegen die Naturgewalten und die Unfälle des täglichen Lebens ist er machtlos, und erst recht gegen die Leidenschaften und Kümmernisse, die jeden einzelnen bedrängen. Für diese Bereiche ist die Lehre der Philosophen da, die etwa dies verheißt: »Wenn ihr mir folgt, ihr Menschen, dann werdet ihr, wo ihr auch sein, was ihr auch tun mögt, keinen Kummer haben, nicht in Zorn geraten, nicht gezwungen, nicht gehindert werden können und ein Leben haben, frei von Leiden und von allem Übel.« Die Instanz, die zu Gelassenheit, Seelenruhe und Freiheit von Affekten, die somit auch zur richtigen Wahl und Bewertung der Dinge verhilft, heißt bei Epiktet Prohairesis, »(sittliche) Vorentscheidung«. Sie ist nicht einfach ›Wille‹, sie ist also kein primär voluntaristischer Begriff; sie beruht vielmehr, wie es der durch Sokrates begründeten Tradition gemäß ist, auf Einsicht, auf einem durch Wissen gelenkten intellektuellen Akt. Durch die Prohairesis als eine konstante Haltung, die alles Streben auf das Verfügbare beschränkt, unterscheidet sich der Philosoph vom Ungebildeten: »Eines Ungebildeten Zustand und Cha-

rakter«, verlautet im 48. Kapitel des »Encheiridion«: »niemals erwartet er von sich einen Nutzen oder Schaden, sondern nur von äußeren Ereignissen. Eines Philosophen Zustand und Charakter: er erwartet allen Nutzen und Schaden von sich selbst.«
Die richtige Prohairesis fällt indes niemandem zu; sie muß erlernt und eingeübt werden. Demgemäß rechnet auch Epiktet mit einem Prozeß, einer allmählichen Entwicklung vom Toren zum Weisen, die durch Erziehung und Selbsterziehung bewerkstelligt werde. Stoischer, auf Panaitios zurückgehender Lehre gemäß spielt bei ihm die Kategorie des ›Fortschreitenden‹ eine wichtige Rolle. Von diesem ist denn auch in dem soeben erwähnten Kapitel des »Encheiridion« ausführlich die Rede: er, der zwischen dem Ungebildeten und dem Philosophen steht, »geht herum wie einer, der von der Krankheit noch schwach ist, der sich fürchtet, etwas, das noch in der Festigung begriffen ist, zu bewegen, bevor es wieder erstarkt ist«. Zur Behutsamkeit kommt das unablässige Streben: »Ist es möglich«, heißt es an anderer Stelle, »bereits ohne Fehler zu sein? Unmöglich; aber das ist möglich, dauernd danach zu trachten, nicht zu fehlen. Denn wir müssen zufrieden sein, wenn wir, niemals in solcher Achtsamkeit ermattend, wenigstens von einigen Fehlern frei werden.«

Der Weg zur inneren Unabhängigkeit läßt mancherlei Möglichkeiten zu: Epiktet folgt Panaitios auch in der Annahme, daß die Menschen je verschiedene Anlagen und Kräfte mitbringen. Man solle seinem Wesen ein dementsprechendes charakteristisches Gepräge geben, lautet daher seine Empfehlung, und: »Wenn du eine Rolle übernimmst, der du nicht gewachsen bist, dann wirst du damit wenig Ehre einlegen und hast außerdem auch die, die du hättest ausfüllen können, versäumt.« Der Bereich, in dem die Kräfte eines jeden zur Geltung kommen, in dem ein jeder die ihm gemäße Rolle spielt, ist die Gemeinschaft: die Sorge für die eigene Seele impliziert nicht, daß man seine sozialen Bindungen außer acht läßt, ja, diese Sorge, die mit der Geringschätzung aller äußeren Vorteile einhergeht, befähigt gerade besonders gut zu uneigennütziger Pflichterfüllung.

Epiktet sieht den Menschen in der Vielfalt der Beziehungen, die ihn konzentrischen Ringen gleich umgeben: als Ehegatten und Angehörigen seiner Familie, als Bürger in seiner Gemeinde, als Bewohner des Reiches und als zu Humanität berufenes Mitglied der Menschheit. »Bedenke, wer du bist«, beginnt die Diatribe »Wie man aufgrund der Benennungen seine Pflichten finden kann« (II. 10): »Zuerst ein Mensch, d. h. du hast nichts Stärkeres als deine Seele, der alles andere untergeordnet ist. Außerdem bist du Bürger eines Weltstaates und ein Teil von ihm, nicht einer von den untergeordneten, sondern einer der wesentlichen, die um ihrer selbst willen da sind. Was ist nun die Pflicht eines Bürgers? Keinen persönlichen Vorteil zu suchen, über keine Sache Pläne zu fassen, als wäre er ein Wesen für sich allein.« So geht es fort: Epiktet läßt die verschiedenen Benennungen oder Rollen Revue passieren, die einem jeden Individuum zukommen, um hieraus dessen jeweilige Aufgaben abzuleiten: »Hiernach denke daran, daß du Sohn bist... Dann denke daran, daß du auch Bruder bist...« Er verlangt nicht wenig; er macht sich die strengen Grundsätze der philosophischen Tradition zu eigen, die zu Sokrates als zu ihrem größten Vorbild aufblickte, bis hin zu dem Verbot, erlittenes Unrecht mit gleicher Münze heimzuzahlen, und bis zu der Forderung, den zu lieben, von dem man getreten worden sei.

Inhalt

Zu dieser Ausgabe

insel taschenbuch 2359
Epiktet
Wege zum glücklichen Handeln.

Der vorliegende Text folgt der Ausgabe: Epiktet, Wege zum glücklichen Handeln. Aus dem Griechischen von Wilhelm Capelle. Mit einem Nachwort von Manfred Fuhrmann. Insel Verlag Frankfurt am Main und Leipzig 1995 (Insel-Clip 1). Die Übersetzung von Wilhelm Capelle erschien zuerst in der Ausgabe: Epiktet, Handbüchlein der Moral und Auslese aus seinen Gesprächen. Verlegt bei Eugen Diederichs, Jena 1925. Manfred Fuhrmann hat für die Insel-Clip-Ausgabe das Nachwort geschrieben. Umschlagabbildung: Die »Fortuna« auf der Kuppel des Charlottenburger Schlosses, Foto AKG/Dieter E. Hoppe.

Das schöne insel taschenbuch in großer Schrift

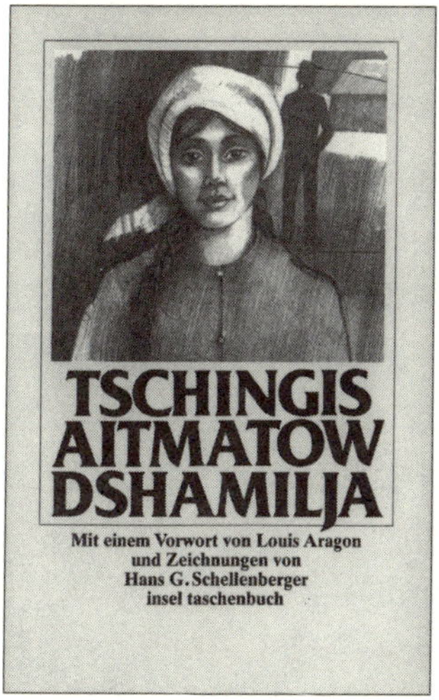

it 2323

Isabel Allende
Das Geisterhaus
it 2341

Elizabeth von Arnim
Elizabeth und ihr Garten
it 2338

Elizabeth von Arnim
Verzauberter April
it 2346

Emily Brontë
Die Sturmhöhe
it 2348

Hans Carossa
Eine Kindheit
it 2345

it 2332

Das schöne insel taschenbuch in großer Schrift

Hermann Hesse
Lebenszeiten
it 2343

Hermann Hesse
Die Märchen
it 2349

Hermann Hesse
Mit der Reife wird man immer jünger
it 2311

it 2354

it 2315

André Kaminski
Nächstes Jahr in Jerusalem
it 2334

Marie Luise Kaschnitz
Elf Liebesgeschichten
it 2306

Jokers 17.5.02 Euro 2,95